Lekhaim !

© les éditions du passage
1115, avenue Laurier Ouest
Outremont (Québec) H2V 2L3
Tél. : 514.273.1687
Téléc. : 514.908.1354

Diffusion pour le Canada :
PROLOGUE
1650, boul. Lionel-Bertrand
Boisbriand (Québec) J7E 4H4
Tél. : 450.434.0306
Téléc. : 450.434.2627

Conception graphique et mise en pages : Nicole Lafond

Données de catalogage avant publication (Canada)
Zipora, Malka
Lekhaim! : chroniques de la vie hassidique à Montréal

Traduit de l'anglais.

ISBN 2-922892-17-4

1. Hassidéens – Québec (Province) – Montréal – Moeurs et coutumes – 21ᵉ siècle.
2. Zipora, Malka – Famille.
I. Titre.

FC2947.8.J8Z5614 2006
392.088'2968332
C2006-940598-0

Dépôt légal :
Bibliothèque nationale du Québec
Bibliothèque nationale du Canada
2ᵉ trimestre 2006

Nous remercions de leur soutien financier les partenaires suivants :
Le Gouvernement du Québec – Programme de crédit
d'impôt pour l'édition de livres – gestion SODEC
Le Conseil des Arts du Canada

Malka Zipora

Lekhaim !

Chroniques de la vie hassidique à Montréal

Traduit de l'anglais par Pierre Anctil

Adaptation littéraire :
Marie-Christine Lévesque
et Pierre Quenneville

les éditions du passage

À mes chers parents qui m'ont légué leur amour de la vie.

Au Tout-Puissant qui m'a guidée pas à pas et a orchestré les événements qui ont mené à la parution de ce livre.

Toute ma reconnaissance à Julie Gagnon pour ses conseils et son encouragement. Mes remerciements à Pierre Anctil pour le temps qu'il m'a consacré, pour sa vision et pour ses paroles inspirantes; à Joaquina Pires qui m'a accordé son entière confiance et qui a œuvré à la publication de ce livre; à Julia Duchastel-Légaré, mon éditrice, pour son professionnalisme et sa sensibilité à mes réflexions ainsi qu'à mes attentes. Tous, vous avez rendu très agréables les étapes qui ont conduit à la parution de ce livre.

Préface

Comme si j'avais entrouvert les rideaux...

Petite, j'avais l'habitude de rêver au lit, imaginant ma vie future. Je serais une maman avec une centaine d'enfants, tous magnifiques, doués, intelligents, toujours propres et bien élevés. Dans cette existence faite sur mesure, je pourrais m'accorder tout ce que je désirais. Mon enfance se passa ainsi à rêvasser, parce que les rêves étaient tout ce que mes parents pouvaient m'offrir. D'origine hongroise, ils avaient survécu à l'holocauste nazi et avaient dû lutter durant des années, de pays en pays, pour pouvoir enfin s'établir et nous donner l'essentiel.

J'avais beau rêver, je savais que tout ce qui arriverait était *bashert,* c'est-à-dire déterminé par le Très-Haut. *A mentsh trakht oun der eybershter lakht* — «L'être humain propose et l'Être suprême dispose.» Au lieu d'une centaine d'enfants, Dieu m'en concéda seulement douze, qui ne manquèrent évidemment pas de fourrer leur nez partout, de se salir, de se disputer entre eux. Et chaque fois que je paradais avec ma progéniture, je me surprenais à constater que d'autres petits étaient tout aussi beaux, doués et intelligents que les miens, et souvent mieux élevés.

De même, sur le plan financier, ma destinée s'est avérée autre que mes rêves. Eh oui, je consulte chaque semaine les prospectus et je planifie mes achats en conséquence. Quoi qu'il en soit, en ajustant mes désirs à mes besoins, j'ai tout ce qu'il me faut. Chaque défi que je relève me rend plus riche que je ne l'aurais rêvé.

«Nous sommes riches!» s'exclamait mon père, le jour du sabbat, chantant à table, les enfants sur ses genoux, tandis qu'il versait un peu de vin dans chaque tasse après notre repas de poisson. «*Lekhaim!*» disait-il. «*Lekhaim tovim ulesholom!*» — «À la vie! Une excellente vie, et à la paix!» — puis toute la famille buvait une gorgée de vin, se donnait la main et répondait: «*Lekhaim!*»

༄ ༄ ༄

Ma vie gravite en bonne partie autour de ma communauté ou de mes proches. Jamais je n'aurais cru qu'un jour, j'écrirais un livre destiné à un public plus large. De fait, en quoi notre façon de penser pourrait-elle intéresser quiconque ne la partage pas?

Nous vivons, si je puis me permettre cette métaphore, les rideaux fermés sur le monde extérieur. La lumière qui nous éclaire émane de l'intérieur. Pour nous, le chez-soi est sacré, et toutes nos valeurs en découlent. C'est à la maison que nous nourrissons notre bien-être physique, émotionnel et spirituel. De notre maison, nous contemplons le passé et nous préparons des lendemains qui suivront une route toute tracée.

Si mes parents ont pu surmonter l'horreur, c'est par la force que dégageait leur vie familiale. Nous, les enfants, avons trouvé parmi les nôtres l'inspiration qui guide nos rapports conjugaux. Les murs de la maison où nous avons grandi sont devenus comme une forteresse qui protège les traditions auxquelles nous tenons.

Même si chaque famille hassidique a sa vie propre, nos maisonnées ont beaucoup en commun. Je sais de quoi se composera le menu du *seouda*[1] du sabbat dans

12

chaque foyer. Lorsque j'ouvre la fenêtre et que j'entends les voisins entonner telle chanson, je peux dire où ils en sont exactement dans le repas. Souvent, juste par la mélodie, je devine de quelle région de l'Europe venait le grand-père et à quelle *yeshiva*[2] il a étudié.

Chaque maison perpétue des coutumes que l'on appelle *minhagim*[3]. Chacun de nos gestes, du moment où l'on ouvre les yeux jusqu'au coucher, est lié à notre héritage, une combinaison de *halakha*[4] et de traditions. Une vraie famille hassidique demeure fermée aux influences extérieures, notamment aux médias. Ses membres trouvent leur inspiration au sein de l'unité familiale ainsi que dans les pages des *sforim*[5] alignés sur les étagères de la bibliothèque. La *massorah*[6] constitue, d'une certaine manière, une fenêtre ouverte sur notre passé, à travers un ensemble de récits transmis de père en fils, de rabbins à étudiants, de mères à enfants, depuis l'époque du mont Sinaï. Il y a là un effort conscient, acharné, de suivre les traces de nos ancêtres, malgré l'attrait du modernisme et de la technologie.

Une fois sortis du giron de la communauté, c'est tout un contraste qui nous attend. À l'extérieur, les valeurs et les traditions ne sont pas toujours appréciées, mais plutôt perçues comme surannées et répressives. Dans ce monde où l'on s'agite, où l'on court, à l'affût constamment de nouveautés, la «culture» est réduite à une distraction. Il nous faut atteindre un équilibre; nous adapter au monde extérieur tout en préservant nos traditions, requiert une grande force. La maison est notre sanctuaire.

Comme épouse et mère, j'ai investi toutes mes énergies dans la création, pour ma famille, d'un milieu chaleureux capable de résister au vent du changement. Je me sens bénie de voir mes enfants perpétuer dans leur foyer les valeurs qui prévalent chez moi. D'autant qu'ils marchent sur mes pas, je me sens plus disposée à prendre part à toutes les étapes de leur vie. Ils sont grands maintenant, mais ils continuent de faire appel à leurs parents pour recevoir des conseils et un soutien moral.

ベシ・ベシ・ベシ

Ce recueil réunit des articles que j'ai rédigés pour une modeste publication distribuée parmi la communauté hassidique. Ce sont des récits construits sur des anecdotes, de petits riens dont je riais avec mes amies sur un banc de parc, tandis que nos bambins s'agitaient à nos pieds et que nous essuyions le sable qu'ils se lançaient en plein visage. Je n'avais d'autre ambition, en les écrivant, que de me détendre et d'amuser mes amies.

Pourtant, ces textes allaient connaître un autre destin. Un destin lié à une personne que je ne connaissais pas, Julie Gagnon, qui travaillait à une thèse en études urbaines. L'amie de Julie, qui avait une famille hassidique comme voisins, leur demanda, en son nom, si quelqu'un accepterait d'être interviewé par elle. On aurait pu consulter des personnes bien plus compétentes que moi. Simplement, c'était *bashert* que mon nom fût mentionné. Tout de suite, entre Julie et moi, une excellente relation s'établit. De fil en aiguille, elle me demanda à quoi j'occupais mes loisirs ; alors, je lui présentai ces petites histoires.

Julie sentait que ces textes possédaient quelque valeur universelle. Aussi, en recommanda-t-elle la lecture à Pierre Anctil, lui-même écrivain et chercheur reconnu en études juives, qui les trouva très intéressants. Puis Joaquina Pires, qui travaille dans la fonction publique de Montréal, jugea que ces récits pourraient servir de pont entre voisins de diverses origines. Tout à coup, des idées qui m'étaient venues pendant que je brassais la soupe et que j'avais notées sur des sacs d'épicerie et des dos d'enveloppes (avec mon autre main), acquirent un sens nouveau. Ces récits avaient désormais leur propre destinée.

On pourra y lire des faits exacts, mais aussi des exagérations, des affirmations carrément loufoques, de même qu'on relèvera des omissions volontaires. Dans le but de faciliter la lecture à ceux qui seraient peu familiers avec le *hasidishkayt*[7], certaines histoires ont été légèrement modifiées et quelques explications, ajoutées.

En publiant ces textes, c'est comme si j'avais entrouvert les rideaux de ma maison. Ce que les lecteurs verront, s'ils se donnent la peine de jeter un coup d'œil à l'intérieur, n'est certes pas un musée de la vie hassidique. Plutôt, ils retrouveront, dans ces récits, des émotions et des attitudes communes à toute l'humanité ou, du moins, à plusieurs d'entre nous. Peut-être serez-vous surpris d'apercevoir chez moi les mêmes toiles d'araignée que l'on trouve ailleurs. Il est également possible que vous alliez au-delà, pour découvrir dans mon foyer quelque chose d'unique. Beaucoup de ce qui est perçu se trouve déjà dans l'âme de celui qui observe. Entrez, je vous prie.

---

1. Repas cérémoniel revêtant un caractère religieux.

2. Académie talmudique pour jeunes hommes.

3. Coutumes de nature culturelle ou historique, ici associées à la vie religieuse (singulier : *minhag*).

4. Nom donné au volet légaliste de la tradition judaïque, par opposition à la partie coutumière.

5. L'ensemble des ouvrages sur lesquels est fondée la tradition judaïque, autant la Bible et les livres sacrés que les commentaires subséquents (singulier : *sefer*).

6. Traditions et légendes du monde juif.

7. Terme yiddish désignant la culture hassidique tout entière et, par là, le partage de cette identité sur une base communautaire.

Réveils à la douzaine

Je raccroche le combiné après que mon amie, pour la troisième fois, ait bâillé à s'en décrocher la mâchoire — sans doute était-ce une manière polie de me signaler que ma conversation était ennuyeuse. Humiliée, je me tourne alors vers mon mari pour qu'il me témoigne un peu de sympathie, mais voilà que, lui aussi, tandis qu'il m'écoute, se retient avec peine de bâiller. Plus tard, ce jour-là, je demande au caissier de l'épicerie où je puis trouver certains items. Le regard vitreux, il ne parvient pas à réprimer un bâillement pendant qu'il me répond, dans ce qui semble être son dernier souffle :

«Au bout de l'allée, sur la gauche… *aaaahouh…*»

C'est en me surprenant moi-même régulièrement en train de m'étirer et de bâiller que j'ai compris que ces mouvements n'étaient pas des insultes dirigées contre moi, mais plutôt un signe des temps. D'ailleurs, j'ai l'impression que la fatigue découle d'une invention bien particulière : le réveille-matin.

Les réveille-matin sont la source de tous les maux. Ils brouillent notre instinct du temps, si bien qu'à peine levés, il nous semble que c'est déjà l'heure de se coucher. Je leur dois mes poches sous les yeux.

Le réveille-matin parfait a été inventé le quatrième jour de la Création, sous la forme d'un coq. Ce curieux volatile a été programmé pour annoncer l'arrivée du soleil, mais sans le bouton «snooze». Un coq ne voit rien la nuit; à l'aube, quand il recouvre la vue, il célèbre l'événement par un puissant cocorico. Assez puissant pour sortir des vapes quiconque voudrait somnoler un petit cinq minutes de plus. C'est un chant agréable, mais si jamais il indisposait quelqu'un, une pierre lancée en direction du volatile ferait dévier le cocorico vers quelqu'un d'autre, plus réceptif peut-être. L'individu qui se montra suffisamment présomptueux pour penser supplanter cette formidable créature devrait avoir une sonnerie installée en permanence dans le creux de l'oreille.

Avec une pleine maisonnée de *bokhurim*[1] qui doivent se lever tôt, je n'ai eu d'autre choix que de disposer des réveille-matin dans toutes les pièces. Aujourd'hui, c'est *leyl shishi*[2], et avant même le lever du soleil, notre demeure ressemble à s'y méprendre à une caserne de pompiers. Chaque alarme est réglée pour se déclencher à intervalles d'une demi-heure à partir de 4 h 30. Un de mes fils est à ce point immunisé contre la sonnerie de son réveil qu'il en a installé un autre, par prudence, sur son étagère. Son frère a convaincu leur sœur de régler son réveil à elle, en cas. Comme si cela ne suffisait pas, tous les garçons ont conclu des ententes avec leur *khevruso*[3]: le premier levé téléphone aussitôt à son partenaire pour le réveiller.

Il est 4 h 00 du matin et la première sonnerie retentit. La journée de Srully est planifiée pour débuter à 4 h 30, ce qui lui laisse encore une demi-heure pour sommeiller. Son frère qui, lui, doit se lever à 5 h 00, l'implore d'éteindre le réveil. Ses supplications tombent dans l'oreille d'un sourd, car Srully a enfoncé sa tête profondément dans les couvertures pour se soustraire à tout bruit.

Je suis du genre de mère qui est au courant de tout ce qui se passe dans la maison, même quand elle dort.

Un jour, j'ai même entendu ma petite Leah dire à ses cousines que «Maman ne dort jamais. Elle se couche seulement les yeux fermés.» Dès la première sonnerie, donc, j'entre en état de veille, prête à intervenir si jamais le «système» mis en place par Srully ne fonctionnait pas. Au moment précis où j'entends l'eau de son *neigel vaser*[4], l'alarme de Yehuda se déclenche.

Yehuda, qui a perdu une demi-heure de son précieux sommeil à persuader son frère d'interrompre sa sonnerie et de se lever, s'accorde maintenant une demi-heure de paix. Il appuie à plusieurs reprises sur le bouton «snooze» au grand désarroi de Hershy qui hurle des «chuuuuuut» deux tons plus hauts que l'alarme. Hershy a encore devant lui une heure avant de devoir sortir du lit.

Il m'est impossible d'être mère à moitié. Dans l'agitation du petit matin, je me tourne et me retourne. Mon lit devient un lieu de supplice : les yeux rivés sur le réveil, j'attends «patiemment» avant d'intervenir. Je déborde de sympathie pour Hershy dont le sommeil a été perturbé, je me soucie de la ponctualité de Yehuda. À cinq heures et une seconde, ça y est, j'entre en scène. À l'instant où je pose le gros orteil par terre, j'entends le *neigel vaser* de Yehuda. Hop, je me remets au lit… et en ressors assez vite. Épuisé par l'effort qu'il a dû faire pour que Yehuda éteigne son réveil, Hershy retombe dans un état de torpeur dès que son frère se lève. Il ne lui reste plus que deux minutes avant que ses deux horloges retentissent, toutes deux réglées pour lui consentir une demi-heure de plus, avant son lever.

Mes yeux roulent comme des billes au rythme de la grande aiguille de l'horloge, tandis que Hershy continue d'appuyer sur «snooze». Cinq minutes… dix minutes… quinze minutes et trente-deux secondes. J'accours pour le tirer du lit juste comme il plonge les mains dans son *neigel vaser*. Le bébé se met à pleurer, la lune disparaît du firmament, une nouvelle journée commence.

Notre famille a dû faire preuve de beaucoup d'imagination pour éviter de se retrouver immunisée contre la sonnerie des réveils.

Un jour, j'ai été violemment réveillée d'un sommeil profond par une foule désespérée qui clamait : «*Ratevet! Ratevet!*»[5] Les battements débridés de mon cœur me jetèrent presque en bas de mon lit, tandis que mon sang gonflé d'adrénaline me propulsait là d'où venaient ces cris. C'est ainsi que je me précipitai dans la chambre de Hershy, priant Dieu de le trouver vivant. Hershy dormait à poings fermés. Près de son lit, à dix centimètres de son oreille, un magnétophone branché sur un chronomètre, le volume poussé au maximum, jouait la cassette du rabbin de la communauté Satmar, *zikhroyne livrokhe*[6], au moment où il prononce ses supplications de *Hoshana Raba*[7]. Un enregistrement pareil, destiné à émouvoir jusqu'aux larmes des milliers de fidèles, était susceptible de réveiller Hershy.

Je présume que la plupart de nos erreurs proviennent de la fatigue. Nos nerfs étant à vif, les petits problèmes se transforment en catastrophes. Ma mère m'a jadis enseigné qu'une bonne nuit de sommeil pouvait tout réparer, même la mauvaise humeur. Mais avec ces réveille-matin de plus en plus sophistiqués et difficiles à manier, nous perdons d'inestimables heures de sommeil... et... (bâillement) que disais-je?

---

1.   Pluriel de *bokher*, c'est-à-dire un jeune garçon célibataire âgé de plus de treize ans.

2.   La sixième nuit comptée à partir du sabbat. Comme, pour les juifs, chaque cycle d'une journée commence au coucher du soleil, cela correspond au jeudi soir, un moment où l'étude des textes sacrés se prolonge tard dans la nuit. Toutefois, le réveil doit avoir lieu tôt le matin suivant.

3.   Un compagnon d'études à la *yeshiva*. Les juifs hassidiques étudient les textes sacrés généralement avec le même partenaire toute leur vie.

4. Eau déposée tout près du lit pour le lavement des mains dès le réveil. Le geste a une valeur de purification spirituelle et de remerciement au divin Créateur pour avoir rendu son âme au dormeur.

5. «Soyez sauvés!» en yiddish.

6. «Bénie soit sa mémoire». Se dit de l'âme d'un défunt.

7. Le dernier jour du cycle des grandes fêtes juives du Nouvel An, lequel a lieu au début de l'automne.

Le petit pantalon rouge

Je suis assise par terre, entourée d'une montagne de boîtes de carton. Dehors, la neige a fondu. *Pesakh*[1] approche, bientôt ce sera le printemps. Je fouille dans les boîtes pour trier des vêtements accumulés au fil des ans. Il me faut décider du sort de chaque pièce. Quel enfant va en hériter cette année? Ou ne vaut-il pas mieux attendre une saison de plus, et risquer que le vêtement se détériore? C'est une tâche éprouvante, car chaque bout de tissu me rappelle des souvenirs remplis d'émotion.

Je regarde longuement un petit pantalon rouge qui a duré plus longtemps que le magasin où je l'ai acheté, il y a plus de vingt ans. Je me rappelle encore comment ce vêtement avait tenté de me séduire pendant trois jours en suppliant à travers la vitrine : «Achète-moi, achète-moi!»

Le prix me faisait hésiter. Même si c'était une marque de fabrique européenne, jamais, à ce jour, je n'avais dépensé l'astronomique somme de seize dollars pour un vêtement d'enfant. Entre moi et ma conscience, la guerre était ouverte.

«Juste cette fois-ci», argumentai-je. «Moisheleh aura l'allure d'un prince : ses cheveux et ses yeux noirs feront fureur avec le rouge du tissu.» Oui, c'était évident que ce vêtement m'était destiné… ou peut-être pas. Et pourquoi pas?

«Comment justifier de payer autant alors que mon budget est si serré?» raisonnai-je. «Peut-être que je pourrais épargner sur les couches en les changeant moins souvent... non? O.K., je ne ferai pas le marché durant six mois... Bien sûr que je peux me le payer! Je le mérite... Je peux... Je veux!» Avant que la prochaine objection ne s'amène, je me précipitai dans le magasin, laissant ma conscience surveiller la poussette. Voilà comment le petit pantalon rouge finit par entrer dans l'histoire de notre famille.

Moisheleh était irrésistible. Je le promenais partout. Je l'exhibais à la moindre occasion, marchant fièrement à ses côtés, convaincue que les foules se presseraient pour voir mon Moisheleh dans son pantalon rouge. Et je m'efforçais de cacher mon mépris pour quiconque n'habillait pas son enfant aussi bien que moi.

Je relevai le bord du pantalon la première saison, mais le rallongeai la suivante, jusqu'à ce que Sarah soit assez grande pour le porter. Contrairement à Moisheleh, Sarah était blonde et potelée. Ses yeux bleus brillaient, et elle remplissait le pantalon rouge à la perfection. Ses rondeurs naturelles étaient mises en valeur par le tricot bien serré du vêtement. Elle était adorable, et j'avais depuis longtemps oublié les seize dollars. Malgré les bords faits et refaits, je continuais de recevoir des compliments.

Puis vint le temps où Avromeleh hérita du pantalon rouge. Il n'en avait pas le même orgueil que moi et ses déplacements à quatre pattes finirent par amincir le tissu aux genoux. Je le reprisai avec un fil si près de la couleur qu'il n'y paraissait pas du tout. Ma photographie préférée de Hershy (le suivant dans la lignée) le présente tout souriant dans ce même pantalon rouge toujours éblouissant.

Je ne me rappelle plus quel enfant le portait lorsqu'un des yeux du motif de la girafe disparut. Cela n'avait guère d'importance, car le pantalon rouge faisait toujours de l'effet. Quand je changeai la chemise pour une autre moins défraîchie, mais pas aussi bien assortie, l'ensemble continua néanmoins de séduire. Le tour de Yoel arrivé, j'ajoutai de jolies pièces aux genoux et réussis à berner tout le monde en faisant accroire qu'elles faisaient partie du vêtement original. Je ne m'étais pas encore rendue compte que les compliments avaient cessé de fuser depuis un bon moment. Quand même, je demeurai longtemps convaincue que c'était le vêtement le plus merveilleux que toute (bonne) mère aurait souhaité pour son enfant.

Je suis assise depuis quinze minutes à me demander si le petit pantalon rouge n'irait pas à Chanania. À dire vrai, je ne suis pas si désespérée, car, au fil des ans, j'ai acheté quelques autres vêtements chargés d'émotion sur lesquels je devrai me pencher dès que j'en aurai fini avec ce pantalon.

Soudain la porte s'ouvre, et ma fille Sarah, qui a déjà eu le temps d'abattre beaucoup de besogne en vue de la fête de *Pesakh*, me surprend en pleine méditation. Elle fixe le pantalon rouge.

— Maman, tu ne vas quand même pas garder toute cette *shmatte*[2]! s'écrie-t-elle, n'en croyant pas ses yeux. La moitié de ces boîtes aurait dû être jetée aux ordures il y a longtemps, fait-elle en pointant du doigt un amoncellement qui touche presque au plafond.

«De la *shmatte*! Quelle hérésie!» Tandis que je me fais cette réflexion, je sens que la partie est déjà perdue. Oui, sans la magie du souvenir, voilà ce qu'est ce pantalon : de la *shmatte*!

Comme je ne peux me résoudre à me défaire aussi définitivement de mon trésor, je suggère d'en faire don à la *gemakht*[3].

— S'il te plaît, maman. Même au Rwanda, ils seraient gênés de porter ça. Allez, donne, j'ai besoin d'une bonne *shmatte* pour essuyer le dessus du vaisselier.

Me sentant incomprise, je dévisage Sarah sans un mot. Comment peut-elle être si peu reconnaissante envers ce vêtement qui l'a tellement bien servie il y a dix-huit ans ? Alors, c'est donc ça « le fossé des générations » !

Sans plus tarder, Sarah déchire le petit pantalon puis s'éloigne avec deux lambeaux de tissu rouge, ceux-là mêmes qui avaient un jour été flamboyants, remplis de son exubérance d'enfant. Consciencieuse, elle s'empresse de polir le meuble avec, à la main, deux petits bouts de ma vie.

1. Nom donné en hébreu à la pâque juive, célébrée à peu près à la même période de l'année que la fête de Pâques chrétienne.

2. Mot yiddish pour « guenilles ».

3. Une institution charitable.

Raconte-moi *Hanouka*

Au dernier décompte, cette semaine, elle en était à mille trois cent cinquante et une répétitions, et nous ne sommes que mercredi. De ses premiers étirements jusqu'à ce que ses paupières se ferment le soir, ma petite fille chante sans arrêt les mêmes chansons. Même notre bébé a assimilé des bribes de la fête de *Hanouka*[1]. Quand sa grande sœur quitte pour la maternelle, il reprend les mêmes ritournelles. Impossible d'oublier que *Hanouka* s'en vient.

Chaque année depuis vingt ans, chacun de mes enfants a entonné à son tour ces chansons, ou à peu près les mêmes, accompagnées de cette identique chorégraphie des petites mains. Seules les mélodies ont pu varier, et la rime changer de *maydl*[2] à *dreydl*[3], et vice-versa l'année suivante. À l'occasion, on a même pu glisser un *cheese kneydl*[4], s'il s'accordait au rythme de la musique.

La plupart des gens qui ont assisté à une fête de *Hanouka* vous diront que c'est toujours pareil d'une année à l'autre, et pourtant, moi, je ne m'en lasse jamais. Imaginez un tout petit Antiochus Épiphane[5] avec sa couronne de travers, en train de se gratter la tête parce que la dorure du carton lui égratigne la peau, et le coussin qui lui fait un ventre, dépasser de sous la toge de satin... Antiochus fait signe de s'approcher à son loyal serviteur (un rôle toujours réservé à l'enfant qui a perdu sa langue).

Sur la scène, les serviteurs vont et viennent, toujours prêts à faire les quatre volontés de leur maître; ils en déchirent même leurs pantalons de papier bouffants, tant ils se pressent. Bien sûr, il ne saurait y avoir une fête digne de ce nom sans les *latkes*[6] qui dansent, un *dreydl* qui virevolte et les bougies orange flamboyantes.

C'est étrange, plus j'assiste à des fêtes de *Hanouka*, plus je suis émue par chacune des représentations improvisées qui se déroulent chez moi du déjeuner jusqu'au souper. Je me retiens pour ne pas rire quand ma petite actrice s'exécute, faisant des révérences et des petits saluts de la main tandis qu'elle chante des mots familiers dans un ordre tout chamboulé.

Je l'observe qui tente de coordonner chacun de ses mouvements. Avec une immense concentration, elle essaie de pointer d'abord son pouce, puis son index et son majeur en même temps qu'elle chante «un, deux et trois». Je la vois déjà sur la scène au milieu du chœur, réussissant avec au moins trois couplets de retard à placer ses doigts dans le bon angle, exactement comme le lui a montré son professeur. Ma fille a un sens maniaque du détail.

Combien de fois ai-je été édifiée par des *khazonim*[7] et réjouie par des mélodies hassidiques, de la musique classique ou par ces chants qu'on peut entendre dans un *khasene*[8]. Et pourtant, rien ne me remue comme une rangée de tout-petits aux joues rouges, déguisés en *latkelekh*[9] et en *dreydelekh*[10], ou personnifiant Hannah[11] et ses sept fils.

Ils chantent presque à l'unisson, avec leurs petites voix aiguës, chacun dans une tonalité différente, réprimant çà et là un bâillement, puis s'arrêtant net lorsqu'ils aperçoivent leur mère dans la salle. À tout instant, ils jettent un coup d'œil vers leur enseignante que de longues nuits à travailler à la représentation ont rendu plutôt nerveuse, et dont ils guettent la moindre indication.

La musique commence et l'histoire débute. *Hanouka,* pour les enfants, c'est un déferlement de pure joie : tout le monde est là, *Bobi*[12], Maman, des amis de la famille, tout est délice, les *dreydelekh,* les *latkelekh.* C'est la fête de la lumière, la promesse du bonheur. C'est leur version de *Hanouka,* remplie d'innocence.

Tandis qu'ils récitent, chantent et font des pirouettes devant un auditoire dont certains ont dix fois leur âge, nous nous retrouvons plongés dans un bonheur trouble ; car *Hanouka,* c'est aussi et surtout une histoire marquée par l'amertume et les tragédies. Nous sommes saisis d'un frisson. La petite qui joue le rôle de Judith[13] est immobile sur la scène, tenant dans ses mains la tête d'une énorme poupée qui représente le tyran Holopherne. Cette image, à la fois charmante et effroyable, où se mêlent l'irrésistible naïveté des enfants et la dure vérité de notre histoire, teinte notre plaisir d'un arrière-goût amer. Un mélange d'une indicible profondeur.

Je vois une nation tremblant devant son destin tragique et je vois Judith commettre son crime, prête à se sacrifier pour son peuple. Je vois d'autant plus le sang gicler que la petite fille qui joue Judith est tendre et innocente. Judith agissait ainsi pour protéger les enfants… tous ces enfants piégés derrière les murs de Yerushalayim[14] qui se réfugiaient apeurés dans les bras de leurs parents. Eh oui, des enfants comme les nôtres qui chantent aujourd'hui sans trop savoir ce qu'ils chantent. Au plus profond d'eux-mêmes, ils sentent sûrement qu'il y a quelque chose de grave dans tout cela, sinon pourquoi leur famille se presserait-elle si ardemment autour des flammes de *Hanouka* ?

Les enfants apprennent le sens de *Hanouka* à travers d'exquises nourritures comme les *latkes,* les beignes et les *blintses*[15] et par toute cette attention soudaine qu'on leur porte. Ils en saisissent le côté festif et sont rassurés que, comme toute histoire, celle de *Hanouka* se termine bien. Ce qui leur échappe, c'est cet épisode dramatique à mi-chemin de ce qu'ils racontent. Leur naïveté me bouleverse aux larmes. Je suis prise corps et âme d'une infinie tristesse en songeant comme elle est brève, l'innocence de l'enfance.

Huit petites chandelles sur pieds entrent en scène, et lorsqu'elles se mettent à chanter, je vois quelques grands-mères essuyer des larmes. Leur version de *Hanouka,* elles l'ont vécue à Auschwitz. Sans doute voient-elles défiler leurs souvenirs... comment elles ont dissimulé de la margarine et quelques patates à même leurs maigres rations, défiant une faim omniprésente, défiant les oppresseurs allemands avec leurs bottes bien polies et leurs fusils, défiant leur extrême épuisement. Et comment, après une dure journée de labeur, après des heures à attendre debout, dans la même position, que les Allemands aient fini de les compter comme du bétail, tête par tête — dans un froid d'autant plus insupportable qu'elles n'avaient ni chaussettes ni vêtements chauds —, elles retournaient à la nuit tombante dans leurs baraquements et fabriquaient des mèches à partir de quelques fils tirés de leurs minces couvertures, assez pour allumer leurs chandelles faites de margarine et plantées dans les patates qui leur tenaient lieu de chandeliers.

Les minuscules flammes ranimaient en elles l'espoir de la liberté. Bien que la lueur des chandelles révélait leurs visages émaciés de mort-vivantes, quelque part, dans leur cœur, une lumière renaissait. Toutes, elles vivaient pour ce bref instant de triomphe, incapables d'entrevoir qu'un jour les pogroms et les persécutions seraient commémorés par des fêtes scolaires.

Aujourd'hui, les enfants chantent devant leurs *bobys.* Ils représentent ce miracle de lumière que les grands-mères n'avaient jamais osé imaginer. En fait, ils chantent les mêmes mélodies qu'elles chantaient autrefois. Les petits ne le comprennent pas encore, mais tandis qu'ils interprètent l'histoire de *Hanouka,* ils perpétuent la lutte de leurs parents, de leurs grands-parents et jusqu'aux générations les plus éloignées. Fasse que chaque enfant se voie accorder de pouvoir célébrer, par son chant, la force de notre mémoire.

---

1. Fête dite des lumières, commémorant la renaissance du judaïsme en un moment difficile de son histoire. *Hanouka* est célébrée en décembre-janvier.

2. Une jeune fille.

3. Une toupie dont il est d'usage de se servir pendant la période de *Hanouka* et dont chaque côté présente une lettre imprimée formant l'acronyme de *a nes gadol haya sham,* «un grand miracle a eu lieu ici». Pour jouer, on utilise des bonbons ou des pièces de monnaie.

4. Boulettes de pâte au fromage. Il s'agit d'un mets très commun.

5. Roi helléno-syrien du IIe siècle avant l'ère chrétienne dont les armées avaient profané le Temple de Jérusalem. Dans la fête de *Hanouka,* il est décrit comme un scélérat.

6. Crêpes aux patates à la mode est-européenne (singulier : *latke*).

7. Chantres dans une synagogue (singulier : *khazan*).

8. Un mariage juif traditionnel.

9. Diminutif pluriel de *latke.*

10. Diminutif pluriel de *dreydl.*

11. Soit l'héroïne juive Hannah dont les sept fils préférèrent perdre la vie plutôt que de se soumettre aux exigences idolâtres du roi Antiochus Épiphane. Le récit est présumé avoir eu lieu durant une période de persécution, vers 166 avant l'ère chrétienne.

12. Diminutif de grand-maman (*bobe*).

13. Judith est cette femme courageuse qui remplissait ses bagages de fromages et de produits laitiers puis entrait dans Jérusalem assiégée à la barbe des gardes ennemis. Elle obtint la confiance du puissant général de l'armée, Holopherne, puis lui offrit des mets qui le rendirent somnolent. Une fois endormi, elle le décapita et retourna à Jérusalem avec sa tête dans un panier, laquelle fut exposée sur un pieu à l'entrée de la ville. Quand les soldats de Holopherne furent confrontés à ce spectacle, ils furent pris de panique et s'enfuirent. Ce récit est consigné dans le livre biblique de Judith et il est présumé dater de la période perse.

14. Désignation hébraïque de Jérusalem.

15. Crêpes sucrées au fromage (singulier : *blintse*).

Téléphonite

Après avoir vainement tenté durant quatre jours de me joindre, mon gérant de banque a suggéré que je fasse installer une ligne téléphonique pour les enfants. En fait, ils en ont déjà une. Ce qu'il me faudrait vraiment, c'est une ligne juste pour moi.

Nous sommes tous affectés, pour ne pas dire infectés, par la téléphonite. Les symptômes de cette maladie chronique sont évidents : le sujet s'avère incapable de fonctionner cinq minutes sans un téléphone collé à son oreille.

Pour avoir accès au téléphone, je me poste à côté de Bathseva qui déboule mille mots à la minute, et je soupire bruyamment. Sa conversation perd alors de son allant, car ce n'est pas agréable de s'exprimer devant un public. Elle lève son index pour m'indiquer «juste une minute!». Mon visage s'empourpre, la fumée me sort des oreilles, mes lèvres articulent calmement :

— Puis-je avoir le téléphone ?

Toujours cet index bien droit qui me nargue, et ce regard qui me supplie de patienter — et de ne pas la déranger. Bathseva est tellement tendue qu'elle n'écoute même plus ce que son amie lui dit. Elle ne peut quand même pas l'interrompre au beau milieu d'une phrase aussi longue que la constitution américaine !

Elle pousse un petit «Wow!» pour prouver qu'elle écoute toujours, et un «C'est pas vrai!» pour faire encore plus vrai.

Puis elle tente de mettre fin à la conversation d'une manière polie en s'assurant que son amie ne puisse soupçonner, Dieu l'en garde, qu'elle a sa mère par-dessus son épaule.

— Raccroche!

L'index brandi, elle recouvre le combiné du reste de sa main dans la crainte de ce que je vais dire ensuite.

— Oui, oui... (petit rire nerveux). Je... oui... mais il faut vraiment que...

Ma patience est à bout. Je fais la roue, saute jusqu'au plafond, cours autour d'elle en agitant mes mains...

— DONNE-MOI LE TÉLÉPHONE!

Cette fois, je crois que j'ai capté son attention.

— Faut que je te laisse... O.K., bye... O.K., oui O.K., oui O.K., salut, oui O.K., oui O.K... au revoir, oui, faut que je raccroche, oui O.K., oui O.K...

Lorsqu'elle libère enfin le téléphone, je ne suis plus d'humeur à appeler personne, ou j'ai oublié pourquoi j'en avais besoin, ou alors ce pour quoi j'appelais n'est plus nécessaire. Je fais semblant d'ignorer l'air ahuri de ma fille : comment est-ce possible, après un tel cirque, que je n'utilise même pas le téléphone!?

D'accord, ce bidule est indispensable, et c'est vrai, il m'a rendu souvent de fiers services, mais rien à faire, je déteste le téléphone. Sauf que, pour vivre en société, on a besoin du téléphone. Il me semble qu'un seul appareil devrait pourtant faire l'affaire, non! Bien sûr, je pourrais toujours ajouter une autre ligne qui me donnerait accès au monde extérieur sans avoir à me mettre à genoux, mais notre vie familiale n'y survivrait pas.

J'imagine déjà à quoi ressemblerait le souper. Deux de mes filles mariées m'appellent; l'une demande si quelqu'un ne pourrait pas passer à la boulangerie, l'autre veut une recette. Le nez dans mes livres de cuisine, je donne le signal du souper. Le temps que je déniche la recette, personne ne s'est pointé à table. Je fais le tour de la maison et trouve tout un chacun dans son coin, un téléphone à l'oreille. Je me surpasse pour attirer leur attention : je danse la *hora* en leur passant des *kipelekh*[1] tout chauds sous le nez.

Ils rient niaisement, absorbés dans un univers étrange où je ne compte pour rien.

— Tu es vraiment bizarre, ricane Raizy.

La remarque ne m'affecte guère, car ni son rire ni ses paroles ne m'étaient adressés. Cette conversation se passe entre elle, son amie et les satellites.

En réalité, je préférerais disparaître en fumée plutôt que d'ajouter une autre ligne téléphonique. Même si j'arrivais, malgré toutes ces lignes, à réunir la famille autour de la table, chacun se retrouverait enfermé dans sa bulle, un récepteur collé à l'oreille. C'est comme si j'y étais…

Moishi : M'man, est-ce que je peux sortir avant le *shiur*[2], juste une demi-heure ? (Au téléphone) Ma mère dit que je dois d'abord manger. (Couvrant le microphone, il me chuchote) M'man, je n'ai pas faim, est-ce que je peux aller jouer avec Shmully maintenant ?

Moi : Absolument pas ! Raccroche, la soupe va refroidir.

Moishi : (dans l'appareil) Ma mère dit dans cinq minutes. (À sa mère) Shmully veut que j'y aille maintenant !

Pendant que je sers la soupe, Gitti reçoit un appel.

Gitti : Non, c'est un adjectif. De toute façon, ce n'est pas pour demain. Demain, c'est français et histoire. (Rires, pause, rires) Oh, arrête, c'est trop «cute». (Bip! elle prend un appel en attente et répond très poliment, suivant mes instructions) Ma maman ne peut pas répondre, elle est occupée.

Entre-temps, un appel important pour Sarah. Elle saisit l'appareil sans fil.

Sarah : (cri) *MAZEL TOV*[3] ! QUAND ? WOW ! (Cri perçant) À QUI ? (Hurlement) C'EST PAS VRAI ! (Pause) Attends-moi une minute. (À sa mère) Qu'est-ce que tu dis, m'man ? Oui, oui, j'ai fini de manger, merci, je vais ramasser. (Dans l'appareil) C'EST PAS CROYABLE ! JE SAVAIS BIEN QU'IL SE PASSAIT QUELQUE... (5 cris).

Je laisse tout en plan et cours dehors prendre une bouffée d'air — un téléphone portable à la main.

— Allô ? Le service de psychiatrie, s'il vous plaît !

Fin de la scène. Rideau.

---

1. Petits croissants sucrés à peu près de la taille d'une bouchée (singulier : *kipele*).

2. Tout genre de conférence réservée aux femmes et aux jeunes filles, et portant sur un aspect de la tradition religieuse judaïque.

3. Expression de congratulations en yiddish.

Zay matsliakh!

Pour se sentir accompli, on doit avoir réalisé quelque chose de significatif. Quand on y met l'effort, parfois on obtient tout de suite des résultats. À d'autres moments, on ne le voit pas, mais on sent que notre action a eu un effet. Nous ne sommes que des humains, après tout, avec un savoir et une compréhension limités. Il ne nous est donc pas donné de mesurer la valeur réelle de chaque action. Nous avons tendance à nous gratifier ou à gratifier les autres pour les grands gestes, alors que les petits gestes faits machinalement jour après jour sont vus comme autant de petits riens.

Au fil des ans, j'ai fait beaucoup de choses, des bonnes et des moins bonnes. Il y a dix ans, je n'aurais sans doute pas considéré mes salutations du matin, lorsque la famille me quitte pour la journée, comme un accomplissement. Par ordre d'importance, je les aurais situées entre se brosser les dents et préparer les lunchs des enfants. Avec le temps, cependant, cette cérémonie du « *zay matsliakh!* »[1] a pris une place considérable dans mon esprit, au point de devenir l'événement qui donne un sens à toute la journée.

J'entends du remue-ménage dans la cuisine et la salle de bains. Il est cinq heures trente et la journée vient officiellement de commencer. Déjà les *bokhurim*[2] se dirigent vers la *yeshiva*[3]. J'ai souvent insisté auprès de mon fils pour que, avant de partir, il me chuchote «*a gutn tug*» en passant devant ma chambre. Ainsi, en ayant l'occasion de lui souhaiter «*zay matsliakh!*» en retour, j'aurais au moins la satisfaction de contribuer à son apprentissage de la *Tora*[4]. Craignant de me réveiller, il se glisse plutôt sur la pointe des pieds le long du corridor, sans un mot, puis j'entends la porte se fermer. J'ai chaque fois le sentiment d'une occasion ratée.

De temps à autre, quand j'entends les premiers clapotements de son *neigel vasser*[5], je rassemble toute mon énergie pour me lever et lui lancer «*zay matsliakh!*». Comme ça, j'ai l'impression de l'accompagner dans sa journée.

À sept heures, je vois l'autobus partir avec un autre de mes fils. Je lui envoie, à lui aussi, mon habituel «*zay matsliakh!*», chargé d'émotion. En plus de tous les défis qui attendent chaque jour les enfants au *kheder*[6], je sais combien ils ont du mal, souvent, à exprimer ou même à comprendre ce qu'ils ressentent, et à quel point ils peuvent en être troublés. J'aimerais pouvoir tout expliquer à mon fils, mais il devra apprendre à son propre rythme et à partir de ses propres expériences. Impossible de le tenir à l'abri de tout. Le mieux que je puisse faire, c'est de lui souhaiter un chaleureux «*zay matsliakh!*», pour qu'il se sente protégé et qu'il sache que je serai toujours là si jamais il désire ouvrir son cœur.

«S'il te plaît, *Hashem*[7], protège-le et guide-le vers la *Tora* et la pratique des *mitsvot*[8]. Si des obstacles se dressent sur son chemin, aide-le à les surmonter et raffermis sa volonté. Accorde-lui le succès!»

Viennent ensuite les filles qui partent pour le travail ou pour l'école. Les filles étant des filles, elles ont tendance à partager leurs sentiments et leurs expériences plus que les garçons (et souvent plus que je ne le souhaiterais). Elles me laissent avec un «*zay matsliakh!*»

sur les lèvres et, dans la tête, un tourbillon de problèmes et d'histoires. J'espère seulement que tout va se régler et je prie pour que les prochains drames soient sans importance, comme de ne pas être prête pour un examen, avoir un petit accrochage avec une amie ou un collègue de travail, rager pour un bouton ou devoir marcher dans le froid...

Déjà huit heures, et les départs et les salutations se poursuivent allègrement. C'est le matin que je vis mes émotions les plus intenses de la journée. Mes « *zay matsliakh!* » sont investis d'un sentiment très profond.

Huit heures trente, et mon petit Shulem, six ans, quitte la maison. Soit que nous nous tenions ensemble près de la fenêtre, soit qu'il attende dehors, et moi, je le surveille de l'intérieur. Je préfère que nous passions ces minutes ensemble, mais lui, parfois, préfère pelleter de la neige. Observer le monde autour de soi peut être tout à fait banal, mais pour qui sait regarder, il y a toujours de quoi s'attarder. Les hommes vont et viennent, leur *talis beytel*[9] sous le bras, entrant ou sortant de la synagogue. Des voitures klaxonnent, s'arrêtent pour offrir de faire monter des gens qui vont dans la même direction.

En jetant un coup d'œil dans la rue, je peux déterminer le temps qu'il fait. Quand la rue est d'un gris pâle et que la neige sur le trottoir se détache nettement, sans même un millimètre d'humidité autour, alors je sais que le froid est mordant. S'il y a, suspendus aux balcons, une frange de glaçons qui ne dégouttent pas, alors je peux affirmer que le temps s'est radouci, puis qu'il s'est refroidi de nouveau.

En observant les voitures, je déduis que celles qui ont des éclaboussures aux fenêtres ont voyagé récemment sur des routes couvertes de « sloche ». Je mesure aussi la force du vent par la manière dont les écharpes s'agitent au cou des gens qui passent devant mes fenêtres. De même, j'en profite pour me familiariser avec les voisins inscrits à d'autres écoles. Avec le temps, j'ai appris à reconnaître les petits détails qui distinguent les autobus scolaires entre eux. Ainsi, dès qu'il tourne le coin de la rue, je suis avertie, je reconnais tout de suite les phares du bus de Shulem.

La nature d'une mère se révèle lorsque son enfant part pour l'école. Par exemple, il y a les mamans qui suivent leur progéniture jusqu'au marchepied de l'autobus et qui en profitent pour ajuster une dernière fois les capuchons et les châles. Il y a aussi les mamans qui ne pensent à habiller leur petit qu'au moment où l'autobus arrive. Pour ma part, j'ai mes accompagnateurs préférés ; je les choisis à leur manière d'accueillir les enfants lorsqu'ils grimpent à bord.

Quand Shulem choisit d'attendre à l'intérieur avec moi, nous jouons à deviner combien de voitures vont passer devant la maison avant que l'autobus arrive. Le plus près gagne. Bien sûr, j'ai l'avantage sur lui de pouvoir lire une horloge, mais il m'arrive de lui donner une chance de gagner en avançant des pronostics démesurés. Je m'accroche à ces quelques minutes passées ensemble car, à travers d'innocentes conversations, Shulem partage des parcelles de sa vie qui m'éclairent sur son expérience quotidienne au *kheder*. Parfois je me demande si un des mots que je prononce ou une des idées que j'exprime restera en lui à jamais. J'aime à penser que, de toutes ces paroles échangées, certaines le guideront pour les années à venir.

L'autobus tourne le coin et Shulem se précipite à sa rencontre. Pendant que la porte s'ouvre, je crie « *zay matsliakh !* ». Le pompon de sa tuque sautille dans tous les sens alors qu'il court ou plutôt qu'il clopine, trébuchant sur un banc de neige tandis que son écharpe m'envoie un bonjour dans son dos. Sa boîte à lunch dans une main et son sac à chaussures dans l'autre, Shulem se hisse sur une des hautes marches de l'autobus.

50

«*zay matsliakh!*» Je lance mon souhait juste au moment où la portière de l'autobus se referme. Shulem ne se retourne jamais; il est bien décidé à gagner son siège avant que l'autobus ne démarre d'un coup sec.

«*zay matsliakh!*» Je le murmure encore une fois pour tout le monde et pour personne tandis que je ferme la porte, et reprends ma routine.

«*zay matsliakh!*» Ces deux mots sont plus qu'une salutation lors du départ. En fait, ils prennent le sens qu'on veut bien leur donner. Ils sont aussi un appel au Très-Haut. Quand je les prononce, sans doute les enfants considèrent-ils ces mots comme une simple formalité dont nous faisons usage à la maison. Dans mon esprit, qu'ils s'en rendent compte ou non, ces paroles leur confèrent une force intérieure qui les suit toute la journée.

Saluer mes enfants sur le seuil de la porte n'est certes pas une grande action ou un geste particulièrement remarquable, mais je sens que Hashem écoute ces paroles et entend mes souhaits... Et si Lui considère ces paroles comme importantes, alors je sais qu'elles ont un sens.

---

1. En yiddish: «Que Dieu vous accorde le succès.»

2. Nom donné aux garçons de plus de treize ans (singulier: *bokher*).

3. Une académie talmudique.

4. Le Pentateuque ou les cinq premiers livres de la Bible.

5. Eau servant à la bénédiction cérémonielle au moment du lever.

6. Terme désignant une école juive traditionnelle de niveau primaire, où l'on enseigne les préceptes du judaïsme, par opposition à une école où les matières séculières dominent.

7. Littéralement: «Le nom» en hébreu. Terme qui sert à désigner Dieu dans la tradition biblique. Les adeptes du judaïsme ne pouvaient se résoudre à prononcer le nom de l'Être suprême, d'où l'habitude de s'adresser à Lui sous ce vocable.

8. *Mitsva* au singulier. Toute action concrète motivée par une volonté d'appliquer les principes du judaïsme.

9. Les juifs prient revêtus d'un châle religieux appelé *talis* (*talit* en hébreu). *Talis beytel* est le nom donné au sac contenant le châle que l'on apporte avec soi à la synagogue.

Tu peux compter sur moi

Hier soir, je me suis assise à la table de la salle à manger et j'ai montré à mon fils de huit ans comment multiplier les grands nombres. Si je devais me remémorer les moments les plus forts, les plus importants de ma vie, celui-ci en ferait partie.

Ah bon, vous demandez-vous ? Et pouquoi en faire une histoire ? Combien de fois vous êtes-vous dépensé, et encore plus ? Quel parent n'est pas prêt à donner de son temps et de son argent pour son enfant, et même sa vie ?

La différence, ce soir-là, c'est que j'ai vu les résultats tout de suite. Mes efforts ont libéré Chananya d'un poids immense.

Il y avait une soirée de thé pour la *tsdoke*[1], et je me traînais les pieds, ne sachant si, oui ou non, j'allais m'y rendre. Après le souper, Chananya m'a suivie à la cuisine et, dans un demi-chuchotement, m'a demandé la permission de revenir du *kheder*[2] à seize heures, le lendemain, au lieu de dix-sept heures trente comme d'habitude. Après l'avoir questionné pour savoir ce qui lui faisait tant craindre l'école, il m'a montré une feuille alignant cinquante multiplications, dont seulement trois avaient été résolues (toutes avec de mauvaises réponses). Chananya devait remettre ce travail le jour suivant, et ignorait totalement comment s'y prendre.

— J'suis pas capable!

De grosses larmes coulaient sur ses joues.

— Tu n'es pas capable maintenant, mais je vais te montrer comment, et ensuite tu pourras le faire toi-même, fis-je valoir.

— Non, j'suis pas capable, répétait-il, comme si j'attendais de lui qu'il me fasse la démonstration de la théorie de la relativité.

Il me fallut vingt minutes juste pour le convaincre d'essayer.

— Si tu peux comprendre la *Gemora*[3], alors tu peux aussi comprendre ça. La *Gemora* est beaucoup plus difficile. Je ne peux pas t'aider pour la *Gemora*, mais je peux t'aider pour les mathématiques.

J'ai insisté. Je l'ai supplié. Je l'ai enjoint de ne jamais lâcher prise, de toujours persister à essayer.

— Si tu ne comprends pas, il faut poser des questions. Si tu es trop orgueilleux pour demander, tu risques de prendre encore plus de retard et ce sera plus difficile ensuite de le rattraper. Les gens intelligents n'hésitent pas à admettre qu'ils n'ont pas compris. Ils posent des questions, et ils obtiennent des réponses.

Ses larmes coulaient toujours.

— Mais j'suis pas capable, j'suis pas capable, se plaignait-il.

— Peux-tu m'imaginer en train de pleurer parce que le plat que je cuisine est trop salé, ou parce que le *khale*[4] n'a pas levé? lui demandai-je. Si je réagissais ainsi, tu serais forcé de manger des *khales* lourds, ou des repas qui auraient mauvais goût.

Juste d'imaginer sa mère pleurant au-dessus de ses chaudrons, Chananya se mit à rire.

— Quand tout va mal, je me demande pourquoi c'est comme ça, et je consulte des gens qui s'y connaissent, insistai-je.

Tout cela mit Chananya en confiance, et je saisis

la chance qui m'était offerte de l'aider. Après quatre tentatives, il commença à comprendre la méthode pour multiplier les grands nombres et fut en mesure de poursuivre par lui-même. Au début, il y alla prudemment, mais, au bout de dix opérations, il était tellement en confiance que les quelques erreurs qu'il put faire tenaient à la distraction causée par... un excès de confiance. Cette nuit-là, il se coucha détendu et heureux. Quant à moi, c'est comme si j'avais soulevé une montagne.

Tous les parents qui ont élevé des enfants peuvent raconter des petites histoires comme celle-là, et probablement des centaines d'autres plus intéressantes. C'est précisément ce qui m'émeut tant à propos de celle-ci : *J'ai failli passer à côté de cette histoire.* Qui sait combien de fois j'ai manqué de pareilles occasions ?

Déjà, mon indécision m'avait fait retarder mon départ pour la soirée de thé. Si je m'étais décidée à quitter plus tôt, Chananya ne m'aurait pas demandé s'il pouvait revenir à la maison immédiatement après le *kheder.* De toute évidence, il lui avait fallu beaucoup de courage pour solliciter cette permission. Chananya sait pertinemment qu'il a besoin d'une bonne excuse pour s'absenter de l'école ou du *kheder.* Ne pas parvenir à faire ses devoirs n'est vraiment pas une bonne raison.

J'aurais pu me retrouver à cette fête, m'amusant, sautant de conversation en petit plat, ignorant que mon enfant se faisait du mauvais sang à propos du lendemain. Et le lendemain, il aurait éventuellement vécu une journée désastreuse à l'école et au *kheder.* Il aurait été frustré et en colère, il se serait montré dissipé, et, n'ayant pas compris pourquoi, je l'aurais vraisemblablement jugé à tort et traité en conséquence... Tout aurait pu aller de mal en pis, et une fin heureuse, se transformer en triste conclusion.

Cette histoire-ci se termine bien. Tout de même, ça me trouble d'imaginer combien de fois je suis peut-être passée à côté de moments pareils, soit à cause des circonstances, d'un manque de vigilance ou de discernement, ou tout simplement parce que je ne savais pas déchiffrer les signaux qui m'étaient adressés. À partir de là, je me suis avisée d'écouter davantage mon enfant, pas seulement les mots qu'il prononce, mais encore ce qu'il me dit par son attitude, et par ses gestes. Ainsi, j'ai pu réfléchir à la façon d'être moins rigide sur ces questions et à l'importance de regarder la vie avec les yeux d'un tout-petit. Je dois également apprendre à opposer un «non» d'une manière qui n'empêche pas l'enfant de demander qu'une exception lui soit consentie, même s'il sait que probablement je refuserai.

Être parent requiert de la délicatesse — et Dieu sait combien nous sommes vulnérables. Cette histoire simple démontre bien à quel point... il n'y a pas d'histoire simple.

---

1. L'équivalent judaïque du concept de «charité» ou de «geste caritatif».

2. Terme traditionnel désignant une école judaïque pour jeunes enfants.

3. La *Gemora,* qui forme la partie la plus considérable du Talmud, est un commentaire sur la Bible écrit entre le deuxième et le cinquième siècle de l'ère chrétienne. Le Talmud constitue la partie centrale du corps de la doctrine du judaïsme.

4. Pain tressé aux œufs, servi pendant les fêtes religieuses et le sabbat (pluriel: *khales*).

Êtes-vous un ami des Sander?

Les Sander sont des gens extrêmement sociables. On les apprécie partout et ils s'entendent bien avec tout le monde. Une situation qui n'aurait jamais dû leur occasionner de problèmes, enfin jusqu'à ce que leur fille Simmeleh se marie. La salle et leur budget n'étaient pas la moitié aussi grands... que leur grandeur d'âme. En fait, ils avaient à peine les moyens d'inviter les membres de leur proche famille, imaginez tous leurs amis!

Du jour des fiançailles jusqu'à quatre semaines avant le mariage, les Sander s'acharnèrent sur leur liste d'invités. Ils empruntèrent les listes d'envoi de Bikur Kholim[1], de Yad La'ezer[2], et quasiment du Wal-Mart. Un seul nom fut écarté, et cela, après une vive discussion entre mari et femme.

— Je me souviens très bien, il y a deux ans, de m'être assise à côté d'elle dans l'autobus et nous avons eu une charmante conversation, insista Mme Sander. Elle sera vraiment insultée si nous ne l'invitons pas.

Les Sander parcoururent tous les annuaires d'Amérique du Nord, éliminant la moitié des personnes inscrites, plus dix-huit autres. Simmeleh déclara qu'elle n'aurait plus jamais le courage de regarder ces gens en face. Son père lui fit remarquer que même si elle devait les rencontrer par hasard au cours de sa vie, elle ne saurait même pas les reconnaître. Elle demeura néanmoins inconsolable.

Simmeleh finit par avoir des cernes sous les yeux à force de travailler sa liste jusqu'à une heure avancée toutes les nuits. Chaque mois, la liste s'allongeait et s'allongeait tellement qu'elle contenait plus de pages que le *Shas*[3] dans l'armoire à *sforim*[4]. Peu à peu les Sander comprirent que l'affaire devenait hors de contrôle.

Ils inventèrent un système pour éliminer des noms. Ils commencèrent par écarter les gens à qui ils n'avaient pas parlé depuis cinq ans. Se rendant compte que ce critère faisait sauter la moitié de leurs proches parents, ils firent des exceptions. Ils retranchèrent ensuite les personnes dont la parenté s'établissait à plus de huit générations — ainsi, ceux qui se trouvaient être des *mekhutonim*[5] ou des parents véritables restèrent sur la liste. De cette manière, le nombre de ceux dont le patronyme commençait par la lettre «K», et qui tenaient en deux volumes, fut radicalement réduit : M. Sander appartenant à la descendance des *kohanim*[6], tous les individus portant des noms tels que Kohn, Kohen, Cohen et Katz avaient été considérés comme des proches parents.

On sait que M. Sander a les *moysdoys*[7] et les rabbins en haute estime, si bien que tous les noms dans l'annuaire portant le titre de rabbin furent joints à la liste des invités. Après avoir examiné la question plus attentivement, M. Sander constata que non seulement des rabbins dûment accrédités se déclaraient *rabbi,* mais encore des cordonniers, des *batkhonim*[8], des plombiers et des menuisiers... La famille Sander au complet passa deux soirées à tenter de distinguer les rabbins authentiques de ceux qui exerçaient concurremment d'autres métiers (les rabbins non rabbiniques appartenant à la famille depuis huit générations furent réintégrés). La liste finit par rétrécir jusqu'à ressembler aux volumes de *mishneh berura*[9].

Alors que les dépenses pour le *khasene*[10] augmentaient, les Sander prirent conscience que la liste était toujours trop longue et l'échéance, de plus en plus rapprochée. Ils résolurent donc de s'asseoir ensemble et de passer au peigne fin la communauté, leurs amis et leurs proches parents. Mme Sander était déchirée : elle allait devoir couper de façon draconienne parmi les quarante-cinq dames de son groupe de natation.

— Etty Segal, je la garde, nous prenons toujours le taxi ensemble. Zissy, je n'ai pas le choix, un jour j'ai plongé sur elle et elle s'est presque noyée. Tsurty, pas question de l'écarter !

En fin de compte, une seule personne avait été éliminée de tout le groupe des nageuses.

— *Je ne peux absolument pas* n'éliminer qu'une seule dame, donc je dois l'inviter elle aussi, raisonna-t-elle.

Six semaines avant le mariage, la liste avait la taille d'un *makhzorim*[11].

— C'est encore trop, fit M. Sander, maniant les chiffres sur sa calculatrice, disposé à effectuer d'autres coupures.

Il réduisit la liste des membres des trois *shuln*[12] où il se rendait régulièrement, pour ne retenir que les noms de ceux avec qui il priait le jour du sabbat. Lorsqu'il se rendit compte que cela totalisait 360 personnes, il se contenta des gens de sa rangée, puis uniquement ceux de son banc.

Le cas de Simmeleh était tout à fait différent. Elle ne trouvait personne à retrancher de sa liste. Il fallut insister et insister pour qu'elle accepte finalement de retirer tous les enfants qu'elle gardait, ainsi que leurs parents. Sa liste comprenait les noms de tous les gens dont elle avait entendu parler ou avec qui elle avait été en contact, ne serait-ce que par l'échange d'un «allô». Cela incluait évidemment les pensionnaires des trois maisons de retraite qu'elle avait visitées, en plus de tous les jeunes qu'elle avait connus dans des camps d'été, sans oublier ceux d'autres camps contre lesquels elle avait disputé un tournoi. On usa de persuasion, de cajoleries. Quand les larmes de Simmeleh furent séchées, la liste se retrouva considérablement amincie. Cinq semaines avant le mariage, elle était petite comme un *thilim*[13].

Le jour fatidique approchait inexorablement et M. Sander se vit contraint de serrer les cordons de la bourse encore un peu plus. Les coûts de la cérémonie ne cessaient de s'accroître, jusqu'à atteindre des sommets inimaginables. Il s'avérait aussi que les *mekhutonim* pressaient les Sander de leur communiquer le nombre d'invitations qu'ils devraient faire imprimer. Trois semaines avant le *khasene,* la famille eut une dernière séance de discussion. On décida de couper une fois pour toutes dans le nombre d'invités.

— Je ne vais tout de même pas investir cinquante sous dans un timbre pour le portier du bureau, déclara fermement M. Sander.

— Elle me fait toujours attendre, même quand j'arrive la première, réfléchit Mme Sander en rayant le nom et l'adresse de la secrétaire du chiropraticien.

Simmeleh, finalement, consentit dans les pleurs à raturer sa liste.

Les grandes amitiés de six mois s'évanouirent... Dès lors, les Sander furent davantage liés à leur compte bancaire qu'à leurs connaissances. Treize jours avant le *khasene,* la liste n'était maintenant pas plus volumineuse qu'un *tfiles haderekh*[14] de poche.

Une fois l'affaire conclue, les Sander jetèrent un dernier coup d'œil sur leur liste, puis échangèrent un regard :

— Quelle farce, s'exclama Mme Sander, je veux être entourée d'amis, pas d'ennemis.

— C'est fou, se plaignit Simmeleh, je veux un mariage, pas une réunion d'employés.

— Il faut tout reprendre, murmura M. Sander. Je ne pourrai plus mettre les pieds nulle part.

Ils convinrent, en dernière instance, d'un plan qui serait moins douloureux pour leur portefeuille, et qui saurait leur révéler qui étaient leurs véritables amis. Ils feraient paraître une invitation dans les journaux locaux. Ainsi, les gens jugeraient par eux-mêmes de leur degré d'amitié avec les Sander. Quiconque se présenterait à eux le jour du mariage serait accueilli à bras ouverts.

Si jamais vous voyez l'invitation des Sander dans le journal, rappelez-vous les trésors d'ingéniosité qu'ils ont déployés pour en arriver là. Comme cette histoire vous a fait connaître la famille, peut-être vous sentirez-vous assez proche pour assister au mariage. Ainsi, les Sander s'apercevront qu'en fait ils possèdent plus d'amis qu'ils n'en comptaient.

---

1. Une organisation caritative juive traditionnelle qui s'occupe des malades.

2. Une institution juive qui vient au secours de personnes dans le besoin.

3. Nom donné au Talmud dans la tradition judaïque. Il s'agit d'un ouvrage de grand format, comptant plusieurs volumes.

4. Terme yiddish désignant les livres sacrés du judaïsme (singulier : *sefer*).

5. En yiddish, toute personne membre indistinctement de la belle-famille du marié ou de la mariée (singulier : *mekhuton*), et en particulier la belle-mère et le beau-père.

6. Nom donné aux prêtres du Temple de Jérusalem (singulier : *kohen*).

7. Toute institution judaïque à vocation philanthropique ou éducative, comme les orphelinats ou les académies talmudiques (singulier : *moysed*).

8. Bouffons, comiques et plaisantins, soit du fait de leur personnalité ou bien d'un métier qu'ils exercent (singulier : *batkhn*).

9. Ouvrages contenant des commentaires relativement au Talmud.

10. Terme yiddish désignant un mariage.

11. Livre de prières pour certaines fêtes religieuses.

12. Terme yiddish pour «synagogues» (singulier : *shul*).

13. Opuscule regroupant tous les psaumes bibliques.

14. Littéralement : «les prières pour le voyage», c'est-à-dire une série de prières très courtes contenues dans une brochure de deux ou trois pages.

Un sourire de millionnaire

L'expression « un sourire de millionnaire » a probablement été inventée par un habitué des cabinets d'orthodontiste. J'ai connu des familles qui avaient investi tellement d'argent dans la dentition de leurs enfants, qu'elles avaient accumulé une dette équivalente au produit national brut des États-Unis. Pour les parents, on parlerait plutôt d'un « soupir » de millionnaire...

L'orthodontie, une industrie récente, doit son succès à toutes ces histoires d'horreur qui circulent à propos de gens qui, n'ayant pas corrigé leur dentition, en subissent les conséquences. Les orthodontistes estiment que 99 % des enfants naissent avec une dentition imparfaite. Refuser aux siens un traitement risque d'entraîner des séquelles : un léger boitement, un traumatisme psychique, et jusqu'à une pneumonie chronique. Quant au 1 % d'enfants qui n'ont pas besoin de traitement, se sentant exclus d'un rite social, ils se feront quand même réparer les dents, par souci de conformisme.

La première visite chez l'orthodontiste s'avère déterminante. Après, c'est le partenariat à vie : des rendez-vous et des examens à toutes les une ou deux semaines qui se poursuivront jusqu'à la fin de vos jours. Consentez à ce que votre enfant porte des broches et vous pouvez d'ores et déjà reporter de cinq ans le mariage de votre aîné, le temps que les dents du petit dernier soient parfaitement alignées. À ce moment-là, vous en serez à votre prochaine étape du traitement, c'est-à-dire consulter un chirurgien plastique pour éliminer vos rides.

Voilà comment nous nous sommes retrouvés avec toute une génération d'enfants en reconstruction. Leur bouche ouverte ressemble aux poutres d'acier des fondations d'un complexe industriel. Déjà, il est difficile de comprendre les jeunes en temps normal, imaginez quand leur bouche est encombrée de fils, d'élastiques, de broches et que leur langue se débat contre toute cette quincaillerie... Un conseil : tenez-vous à trois mètres de distance, au moins, si vous ne voulez pas être aspergé par les postillons qui fusent à chaque mot.

Si mes grands-parents s'étaient retrouvés dans un cabinet d'orthodontiste, nul doute qu'ils se seraient enfuis par la fenêtre. Un rapide coup d'œil sur ces fils de fer et ces vis leur aurait suffi pour faire ressurgir la hantise des chambres de torture. Moi qui suis une mère bien ancrée dans le vingt et unième siècle, mon expérience me dit pourtant que leur réflexe premier aurait sans doute été le bon. Les enfants à qui on bourre la bouche de métal et de plastique souffrent littéralement le martyre quand arrive le moment de manger ou de faire la conversation. Et après les broches, viennent les appareils de rétention, sans compter les dispositifs pour la nuit qui leur encerclent la tête... Qui sont ces humanoïdes qui se sont installés chez vous ?

Les orthodontistes ont conclu une alliance avec l'industrie de la mode qui propose toutes sortes de gadgets, lesquels encouragent les enfants à réclamer à leurs parents le «privilège» de porter des broches. Les innovations affluent de toutes parts et le choix est illimité. On trouve des bandelettes de couleur qui referment la mâchoire dès que la bouche s'ouvre. De même qu'il existe des appareils «sent bon» : peu importe ce que vous venez de manger, vous donnerez toujours l'impression d'avoir dévoré un bouquet de lilas ou un champ de fraises. Notons enfin l'aspect éminemment pratique des appareils phosphorescents — comme devait l'expérimenter cette jeune fille égarée en forêt, que les sauveteurs parvinrent à retrouver dès qu'elle ouvrit la bouche pour pleurer.

Nous n'en sommes qu'aux balbutiements d'une industrie en pleine croissance, et les possibilités paraissent infinies. Sans doute inventera-t-on des appareils orthodontiques qui seront offerts avec une brosse à dents assortie, et qui joueront votre mélodie favorite lorsque vous manœuvrerez la brosse dans les crevasses entre vos dents et le fil d'acier. Que diriez-vous de broches à piles, qui masseraient vos gencives et signaleraient par un bip la présence de nourriture coincée quelque part? Le syndicat des professeurs s'y oppose déjà : qui pourrait supporter une classe remplie de petites bouches sonnantes et bourdonnantes?

Une première visite chez l'orthodontiste pourrait vous propulser dans une toute nouvelle existence. Demandez à Shoshana! Jusque-là, elle s'en tirait très bien avec ses huit enfants, mais trois bidules dentaires plus tard, sa vie s'est effondrée. Aujourd'hui, Shoshana passe trente-deux heures par mois à chercher ses appareils amovibles, et les élastiques perdus. Asseyez-vous auprès d'elle lors d'une soirée : ses histoires d'orthodontie vous captiveront tellement que ce n'est que lorsque les lumières s'éteindront que vous vous rendrez compte que tous les invités sont déjà partis.

Tandis que j'écris ces lignes, j'essaie de démêler les peyes[1] de mon fils, entortillés dans le «silly putty» qui a collé à son appareil dentaire. Comment une telle substance a pu aboutir à un endroit pareil, allez savoir! mais la meilleure, c'est l'histoire de ces deux appareils amovibles qui ont été échangés par erreur au repas de midi à l'école.

Le plus gros problème avec l'orthodontie, c'est que les techniques et l'équipement sont remplacés plus rapidement que les coupures de journaux sur les murs de la salle d'attente. À la fin, vous vous retrouvez chez l'orthodontiste plus souvent que chez votre belle-mère, et vous y passez un temps fou à fixer les poissons dans un aquarium (si vous êtes chanceux) ou encore les affiches montrant d'un côté, des dents avancées, désalignées, chevauchantes (l'alternative des broches) et, de l'autre, des «sourires de millionnaires».

Par les temps qui courent, je montre rarement mes dents. Mais attendez! Aussitôt que mon petit dernier aura complété son rituel orthodontique et que j'aurai payé la dernière facture, vous me verrez enfin sourire... et à belles dents (s'il m'en reste)!

---

1. Longues couettes de cheveux que les juifs hassidiques portent de chaque côté de la tête (singulier : *peye*).

L'armoire de Malky

De temps à autre, des morceaux de plâtre tombent du plafond. Rien que de regarder les planchers, ils craquent. Sous le comptoir de la cuisine, les pièces de bois pourries, que l'on devrait dissumuler, s'exposent effrontément au grand jour. C'est clair, la maison supplie son propriétaire de lui porter attention. Si ce n'était de Malky, mon amie et confidente, croyez-moi, j'y verrais un peu plus rapidement. Malky est une rénovatrice chronique. Peu lui importe que les travaux progressent, sa maison est toujours en chantier.

Je me rappelle très bien notre conversation, l'an dernier, au premier jour de la fête de *Pesakh*[1]. Après toutes ces rénovations qu'elle avait entreprises, je m'attendais à ce qu'elle soit d'humeur joyeuse, au moins pour quelques mois.

— Cette année, *Pesakh* ne nous coûtera pas trop cher, dit-elle. Les enfants vont la trouver difficile, car mon mari est bien décidé de trouver l'*afikomen*[2].

— Vraiment? demandai-je. Et qu'est-ce qui est différent cette année?

— L'armoire! répliqua Malky d'un air suffisant. Nous en avons finalement monté une nouvelle après que Yanki ait ouvert l'ancienne et qu'il nous ait fallu trois heures pour le retirer de l'amas de livres, de vêtements, de couvertures, de chaussures, de valises et d'albums photo qui lui sont tombés dessus, sans oublier les ventilateurs, l'aspirateur, les lits pliants, les vieilles machines à écrire, les perceuses électriques, les produits ménagers...

— Quel désastre!

— Pire qu'un désastre, fit Malky. C'était notre seule armoire.

Elle se mit alors à m'expliquer ce qui se passait chaque matin, quand on avait besoin d'y prendre quelque chose. Les pulls se retrouvaient derrière les albums photo et sous le nécessaire de couture. Les couvertures recouvraient complètement les chaussures, et Dieu vienne en aide à quiconque avait besoin de quoi que ce soit rapidement. Ainsi, il fallait vider toute l'armoire pour mettre la main sur une simple brosse à cheveux.

— Je suis très contente pour toi, dis-je pour témoigner de mon empathie. Ça devait être compliqué de s'organiser sans espace de rangement.

— Tu parles! fit Malky. Avant même que je parvienne à dénicher les vieux vêtements que je gardais en réserve, mes enfants n'en avaient plus besoin tant ils avaient grandi. Mes *eyniklekh*[3] trouvaient toujours leurs costumes après *Pourim*[4]. Imagine donc! Toutes ces années où j'aurais pu ranger tant de choses dans mon armoire toute neuve. Quand je pense à tous les pots à marinade dont j'ai dû me départir. Sans compter tous les objets que j'ai ramassés au fil des ans et que j'ai dû jeter à la poubelle faute d'espace et...

— L'espace de rangement, c'est important, je sais, mais il ne faut rien exagérer, l'interrompis-je. À t'entendre, on a l'impression qu'il a suffi d'une nouvelle armoire pour changer ta vie de fond en comble.

— Non, soupira-t-elle, l'espace de rangement, ce n'est pas important... c'est divin! Ah! s'asseoir et contempler l'ORDRE pendant des heures. Je crois finalement que je vais tourner mon canapé vers l'armoire et laisser les portes ouvertes par pur plaisir. Il n'y a rien de plus reposant au monde qu'une armoire bien ordonnée.

L'obsession de Malky pour les armoires commençait à me taper sur les nerfs. Nous étions juste avant *Pesakh* et j'avais d'autres préoccupations que de la soutenir dans ses idées fixes. Je raccrochai. J'étais contente pour elle, mais je doutais fortement que son enthousiasme perdure. Je me rappelle encore son extase, l'année précédente, quand elle avait acquis un nouvel ensemble électroménager sous prétexte qu'elle ne pouvait cuisiner pour une grande famille sans un congélateur, deux fours[5] et un lave-vaisselle. Six mois plus tard, elle se plaignait de devoir désormais cuisiner. Son congélateur était déjà vide et, depuis qu'elle possédait un four *milkhik*[6], elle n'avait plus d'excuse pour ne pas faire de gâteaux au fromage.

Je rappelai Malky juste après *Pourim*.

— Et alors, raconte! Ça doit être tellement plus facile de faire le grand ménage avant *Pesakh* depuis que tu as plus d'espace de rangement.

— L'espace? Ce n'est pas quelque part près de la lune? rétorqua-t-elle sur un ton sarcastique.

Je n'en croyais pas mes oreilles.

— Qu'est-il arrivé à ton armoire? m'informai-je.

— Armoire, foutoir! scanda-t-elle. Je me croyais si bien pourvue en rangement que j'ai acheté quelques nappes, quelques serviettes, des tee-shirts, des livres, puis ceci, cela jusqu'à ce que, sans m'en rendre compte, je sois obligée d'apposer un avertissement sur les portes de l'armoire: DANGER! RISQUE D'ÉBOULEMENT!

— Tu peux replacer le canapé comme il était. Ce sera toujours ça de gagné, fis-je pour la réconforter.

— Je fais faire une nouvelle salle de bains pour *Pesakh*, dit-elle, redevenue aussitôt l'exubérante Malky.

Peux-tu imaginer! Plus d'attente aux douches et pour le sèche-cheveux. Et ça veut dire que je coucherai les petits une heure plus tôt...

Elle poursuivit en vantant les merveilleux changements qu'apporterait ce chantier.

— Je suis vraiment contente pour toi, lui dis-je pour l'encourager.

— Dommage, tout de même. Cette fête de *Pesakh* va nous coûter un peu plus cher que l'année dernière, parce que mon mari n'arrivera jamais à trouver l'*afikomen*. Mais c'est bien peu comparé au luxe de prendre sa douche sans être dérangé et de coucher les petits plus tôt...

Je raccrochai et jetai un coup d'œil sur ma propre maison. Bien sûr qu'elle aurait besoin de petites réparations. Un jour, je m'y mettrai. En attendant, que Malky me prouve d'abord que toutes ces rénovations ont amélioré sa vie durant plus de trois jours!

---

1.   Nom donné à la pâque juive en hébreu.

2.   Un pain azyme (*matso*) qui fait l'objet d'un jeu lors du repas familial (*seder*) de *Pesakh*. Le père dépose le pain sur un coussin derrière lui, et les enfants s'en emparent et le cachent. Le père le cherche, mais s'arrange pour ne pas le trouver. Les enfants réclament alors un cadeau que le père promet de leur offrir s'ils rendent l'*afikomen*.

3.   Terme yiddish désignant les petits-enfants (singulier : *eynikl*).

4.   Fête de carnaval qui prend place au début de l'hiver dans le calendrier judaïque.

5.   Dans une maison cachère, les plats carnés et lactés sont traités séparément. Impossible, par exemple, de cuire des plats à la viande dans un four utilisé pour des préparations à base de lait.

6.   Mot yiddish pour «lacté».

La *souca*

La fête de *Soucot*[1] est terminée depuis un moment déjà, et les petites cabanes perchées sur les balcons d'Outremont, grossièrement construites, avec leurs toits de bambou et de fougères, sont maintenant toutes démontées. Enfin, presque toutes !

Une cabane demeure toujours bien en vue, au grand regret des résidants non juifs d'Outremont qui aiment voir leur ville aussi bien soignée que leurs chiens de race qu'ils promènent si élégamment dans les rues. Au premier coup d'œil, et si l'on ne comprend pas ce qu'elle symbolise, une *souca*[2] ne semble être qu'un assemblage hétéroclite sans intérêt. Laissez une *souca* en place trop longtemps et les voisins, c'est presque certain, se plaindront de cet affront à l'esthétique de leur quartier. Mais aux yeux d'un *poshete yid*[3], une *souca* est une cabane magnifique, non par son allure, mais plutôt par la joie qui s'en dégage pendant les jours de fête (*simkhat hakhag*), et en ce qu'elle évoque les actions méritoires, les *mitsvot,* que l'on accomplit lors de cette célébration.

Maintenant que la fête de *Soucot* est passée, même un juif ne pourrait soupçonner que cette curieuse construction qui s'offre toujours aux regards des passants est bel et bien une *souca*. L'édifice chambranlant ressemble plus à une habitation bédouine ou encore à une bâche recouvrant quelque chose de très grand, une souffleuse ou un tank, qui sait. Fabriquée avec des bandes de vinyle blanc agrafées les unes aux autres, la chose bat au vent au-dessus de la balustrade du balcon. Cette *souca* qui résiste au temps n'a rien de commun avec celles qui ont été remisées : elle est le résultat de l'effort collectif de plusieurs *talmi'de khakhomim*[4], de jeunes hommes qui étudient au *kollel*[5] et de *dayonim*[6] montréalais et new-yorkais. Le fier propriétaire de cette *souca* y a mis tant d'énergie et de cœur qu'il hésite à la démanteler.

Je ne m'y connais pas vraiment en fait de *halakhot*[7] et je ne sais comment ces lois s'appliquent aux *soucot*; je ne prétends pas non plus comprendre tous les aspects techniques de cette *lomdishe souca*[8]. Je ne puis que vous raconter l'histoire de sa construction, parce que cette *souca* appartient à ma fille Sarah et à son mari Avigdor.

L'idée de construire cette *souca* revient d'abord à Sarah. Comme elle a de jeunes enfants, elle a proposé qu'une *souca* soit érigée chez elle, pour sa propre famille. Traîner les petits chez leur grand-mère à chaque *seouda*[9] les aurait fatigués. Par ailleurs, les inviter chez moi pour les *yom tovim*[10] semblait hors de question, puisque je recevais déjà trois autres de mes enfants mariés, avec leurs propres enfants. Le hic, c'est que Sarah habite un immeuble où les balcons sont longs et étroits. Une poutre surmonte chacun d'entre eux, laissant, selon mes estimations, un espace d'environ 40 à 60 centimètres au-dessus de la tête pour installer le toit de la *souca* (celle-ci doit rester ouverte au sommet).

Depuis *Rosh Hashana*[11], ma fille me mettait au courant de ses plans par téléphone, et j'avais droit à un rapport à toutes les heures. Mais les plans ne se transformèrent en véritables préparatifs que deux jours avant *Soucot*, lorsqu'elle et son mari commencèrent à recueillir, çà et là, les fournitures requises ainsi que des planches provenant de la *souca* de quelqu'un d'autre (leur appartement était devenu trop exigu et ils ne désiraient pas investir dans de bons matériaux, puisqu'ils devraient déménager sous peu). Finalement, Avigdor parvint à rassembler tout le bric-à-brac nécessaire, entassé sur le balcon de la maison en attendant son sort. Entre-temps, Sarah encourageait son mari à entreprendre la construction, lui rappelant qu'il ne restait plus qu'une journée avant *Soucot* et qu'il n'était pas trop tôt pour s'y mettre. Mais Avigdor était trop absorbé par l'achat d'un *esrog*[12] et d'un bouquet de *loulav*[13] pour soulever le moindre outil.

Quelques heures avant le coucher du soleil, pris de panique et comprenant qu'il n'avait rien d'un bricoleur, Avigdor se rendit à l'évidence : ériger une *souca* exigeait plus que de planter des clous à droite et à gauche. Sarah, quant à elle, essayait d'avoir l'air calme tandis qu'elle s'éreintait à tenir les enfants à distance de leur père qui suait à grosses gouttes au-dessus de sa construction.

— Comment va la *souca*? fis-je au téléphone (j'appelais à répétition pour avoir des nouvelles).

— Je ne sais toujours pas si nous en aurons une, répondit Sarah avec un calme étudié qui fit s'accélérer dangereusement mes pulsations cardiaques.

Si Sarah ne réussissait pas à avoir sa propre *souca*, il me faudrait accueillir une famille de plus dans ma salle à manger.

À six heures du matin, Sarah s'affairait à épousseter, laver et astiquer la maison, séparant de temps à autre les enfants qui, déjà, avaient commencé à faire la fête. À une heure de l'après-midi, Avigdor triait toujours les bouts de bois, tentant de trouver lequel assembler avec lequel.

À trois heures, grâce à l'aide de voisins, la *souca* était enfin érigée, et Sarah put pousser un soupir de soulagement. Elle m'invita immédiatement à me joindre à la célébration. Demeurés sur le balcon, les jeunes hommes se lancèrent alors dans une longue discussion sur la construction d'une *souca* selon les traités du Talmud. Sarah aurait préféré que cette argumentation ne se déroule pas dans les parages, afin de pouvoir se concentrer sur les derniers préparatifs du *yom tov*. Mais le débat s'intensifiait sur le balcon, et la tension était palpable. Bientôt des *sforim*[14] furent tirés des étagères et, un marteau dans une main, les hommes feuilletaient de l'autre les volumes de la *Gemora*[15] et le *Shulkhan Aroukh*[16]. Les soupçons de Sarah se confirmèrent lorsque Avigdor laissa tomber ses outils et se précipita chez le *dayan* avec un plan de la *souca*.

— Il y a encore quelques *shaales*[17] à régler, se contenta-t-il de dire au passage.

Il ne restait plus que trois heures avant le début du *yom tov*, et tout ce qui préoccupait Sarah, c'était de savoir s'il ne valait pas mieux mettre les enfants au lit immédiatement, au cas où la famille viendrait manger chez moi cette nuit.

Une activité fébrile régna pendant les heures qui suivirent. La *souca* fut finalement déclarée non cachère, c'est-à-dire non conforme à la loi juive. La pertinence de construire une *souca* réglementaire sur un balcon de cette dimension était même à l'étude. Plusieurs questions devaient être résolues. Même si le *dayan* avait plus de trente ans d'expérience, la *souca* d'Avigdor soulevait pour lui un nouveau défi. Il conféra avec une organisation de rabbins américains et canadiens pendant qu'Avigdor, de son côté, dut courir à la maison démanteler cet objet qui ne pouvait être une *souca*. Deux heures avant le début de *Soucot*, le *dayan* lui-même se déplaça pour inspecter la *souca* en litige avec, à sa suite, les *khaverim*[18] d'Avigdor et les membres de sa propre famille. Il s'agissait de savoir si on pouvait l'ériger à l'intérieur d'un espace aussi restreint tout en respectant les lois juives. Un cortège sans fin d'amis et de *lomdim*[19], tous curieux d'observer le phénomène, traversait en tous sens la salle à manger tandis que Sarah essayait de compléter les préparatifs de la fête.

Le premier réflexe d'Avigdor fut de tout abandonner:

— Oublions la *souca* cette année. Et puis ta mère prépare de délicieuses *kneydlekh*[20].

L'affaire toutefois se corsait, et l'intérêt manifesté par ses *khevruses*[21] incita Avigdor à y voir un défi à relever. Son désespoir se mua, en fin de compte, en détermination. L'érection de la *souca* représentait, pour lui, une nouvelle mission.

Au comble de l'excitation, Avigdor courut acheter de nouveaux matériaux. Le bruit circula à propos de sa *souca* et les gens affluèrent pour lui offrir leur assistance tout en lui prodiguant une litanie de conseils; la tête finit par lui tourner. Maintenant, il ne restait plus qu'une demi-heure avant le début de *Soucot,* et les épouses de ses amis se mirent à la recherche de leur mari pour leur rappeler que la fête avait lieu également chez eux.

Sarah alluma les bougies[22] exactement dix minutes seulement après qu'Avigdor ait jeté les derniers clous dans la boîte à outils. Elle mit une petite nappe blanche sur l'étagère de bois râpeux qu'elle avait raccordée à la balustrade du balcon et qui ressemblait plus à une chaise haute qu'à une table pour le repas.

Le frère d'Avigdor, Yoel, frappa à la porte. Il était fin prêt, vêtu de son *beketshe*[23], la tête couverte d'un *shteymel*[24], un *loulav* à la main. Il demanda calmement à Avigdor de l'aider à préparer un panier pour le *hoshane*[25]. Yoel n'était toujours qu'un *shono rishoyenik*[26] sans expérience. Avigdor grogna, l'œil fixé sur l'horloge — tic-tac-tic-tac — comme s'il s'agissait d'une bombe à retardement.

— J'attendais plutôt « ton » aide pour confectionner « mon » *loulav,* s'exclama-t-il.

— Dans votre famille, être en retard est une disposition génétique, ne put s'empêcher de dire Sarah en riant. Cela valait mieux que de fondre en larmes.

Par un quelconque miracle, Avigdor réussit à gagner la synagogue à temps pour la prière de *minkha*[27] et il put investir des flots d'adrénaline dans la récitation de ses *tfiles*[28]. Le *dayan* l'accueillit avec un sourire entendu et lui adressa une requête qui le combla de bonheur :

— Puis-je venir demain et réciter la prière du *kidoush*[29] dans ta *souca* ?

Le *dayan* avait développé un intérêt particulier pour cette *souca* parce qu'elle présentait des caractéristiques que l'on rencontre très rarement dans l'application de la *halakhah*. Cela en faisait une construction presque parfaite.

Ce *yom tov*, Avigdor et Sarah se sentirent comme portés aux nues. La veille de l'événement méritait d'être oubliée, mais le *yom tov* lui-même valait qu'on s'en souvienne pour l'éternité.

Comme je l'ai dit plus haut, je ne suis pas une experte en matière de *halakhah*. Pour moi, cette *souca* était la plus étrange qu'il m'ait été donné de voir. Elle avait été bâtie avec des poutres placées de travers, et une corde courait le long du *skhakh*[30] qui ne couvrait que la moitié de la cabane. La *souca* n'avait pas pu être construite en bois, car son espace intérieur aurait été plus petit que le minimum permis par la *halakhah*. Pour contourner ce problème, Avigdor s'était procuré du vinyle, qu'il avait enroulé autour de la balustrade du balcon. Chaque petit détail, comme la corde qu'il avait dû étendre tout le long de la *souca*, ainsi que les poutres orientées d'une manière inhabituelle, tirait son explication d'un principe proposé par la *halakhah*. Chaque ami qui visita l'édifice prit le temps de s'asseoir et de consulter des *sforim* afin d'y relever les références justifiant pareil assemblage, ce qui, invariablement, se terminait par un débat et des interrogations de nature halachique. Des décorations, confectionnées de longue haleine par les enfants à la garderie et à la maternelle, avaient été disposées au plafond et sur les murs. Aux yeux de la famille, il s'agissait là de véritables œuvres d'art.

Cette *souca* devra bien être démontée un jour. Il est étonnnant de voir comment quelque chose d'aussi rudimentaire peut atteindre à une telle beauté spirituelle pour qui y donne un sens et tout son cœur. Il y a peu de chances que les gens d'Outremont perçoivent dans «la chose» plus qu'un amas de détritus, surtout après ces huit jours durant lesquels la cabane a déparé le quartier. Pour les juifs religieux, cette *souca* revêt une signification profonde et unique... et les *yom tovim* sont vraiment trop courts.

---

1. Fête de huit jours, dite des cabanes, au cours de laquelle les juifs prennent leurs repas à l'extérieur dans des structures de bois hâtivement érigées. *Soucot* rappelle les conditions de précarité qu'ont connues les juifs dans leur traversée du désert après leur sortie d'Égypte, et la protection dont ils ont bénéficié alors de la part de Dieu. *Soucot* est également associée aux récoltes d'automne et est donc célébrée en septembre-octobre.

2. Nom hébreu donné aux cabanes érigées pendant la période en question (pluriel : *soucot*) et, par extension, le nom de la fête elle-même.

3. Littéralement : «un simple juif».

4. Terme désignant des érudits dans la tradition judaïque (singulier : *talmed kh'okhem*).

5. Nom donné à l'institution religieuse où étudient les jeunes hommes une fois mariés (par opposition à la *yeshiva*), grâce à l'aide financière de leur communauté.

6. Juges à un tribunal rabbinique (singulier : *dayan*).

7. Lois et règles spécifiques s'appliquant à la pratique du judaïsme (singulier : *halakha*).

8. Littéralement : «une *souca* savante», dont la conformité aux lois juives est telle qu'on peut y voir l'exercice d'une grande érudition.

9. Repas pris dans un contexte festif, comme à la fête de *Soucot*.

10. Terme désignant les jours de fête ou de réjouissance (singulier : *yom tov*).

11. C'est-à-dire la fête du Nouvel An juif qui précède de peu, dans le calendrier juif, la fête de *Soucot*.

12. Un cédrat, sorte de gros citron utilisé lors de la fête de *Soucot*.

13. Une branche de palmier constituant une partie du bouquet béni à *Soucot*; ce bouquet se compose de quatre espèces végétales.

14. Ouvrages de commentaires rabbiniques servant à interpréter les lois judaïques (singulier: *sefer*).

15. Partie ultérieure du Talmud comportant plusieurs volumes.

16. Littéralement: «La table dressée». Il s'agit d'un ouvrage de codification datant du XIVᵉ siècle et comprenant l'ensemble des lois judaïques.

17. Questions pratiques concernant l'application de la loi juive (singulier: *shaale*).

18. Terme désignant les amis et les connaissances d'une personne (singulier: *khaver*).

19. Terme désignant les érudits en matière de tradition talmudique (singulier: *lamdn*).

20. Mets juif est-européen fait de boulettes de pâte (singulier: *kneydl*).

21. Compagnons d'études à la synagogue ou à la maison de prière (singulier: *khevruso*).

22. Ce geste signale le début exact de la fête sur le plan cérémoniel.

23. Sorte de manteau doublé de fourrure utilisé pour les occasions cérémonielles.

24. Chapeau rond bordé de fourrure porté par les juifs hassidiques.

25. Brindille de saule qui constitue l'une des quatre espèces utilisées dans la confection du bouquet béni (aussi appelé *loulav*) pour la fête de *Soucot*.

26. Littéralement: «celui qui est dans sa première année». Cette expression désigne un jeune homme nouvellement marié et qui manque d'expérience.

27. Nom de la prière récitée quotidiennement en après-midi.

28. Terme hébraïque désignant les prières en général (singulier: *tfile*).

29. Cérémonie pendant laquelle on proclame la sainteté du sabbat ou d'une fête religieuse en récitant une bénédiction sur le vin devant la famille réunie autour d'un repas.

30. Branchages verts dont on couvre la *souca* à son sommet pour lui faire une sorte de toit.

Le Réseau de
télécommunication féminin

Le monde des télécommunications connaît une croissance ultra-rapide. Les cracks en électronique sont acclamés chaque fois qu'ils inventent un nouveau machin qui accélère notre accès à l'information. Inutile de vous casser la tête : votre dossier personnel se trouve déjà dans les ordinateurs de tous les magasins où vous faites vos achats ; les félicitations des compagnies de couches vous attendent dans votre boîte aux lettres juste comme vous rentrez de l'hôpital avec votre bébé ; et des prospectus vous proposent des rabais sur... les couches.

Tout ce que vous voulez savoir — et même ce dont vous ne voulez rien savoir — vous arrive en quantité telle que vous pourriez vous noyer dans ce déluge d'informations. Les numéros de compte, d'assurance sociale, de téléphone, de carte de crédit, tout est accessible pour vérifier quoi que ce soit sur qui que ce soit.

En analysant les numéros et les dates de vos appels téléphoniques, recoupés avec le détail de vos opérations bancaires, les ordinateurs peuvent établir des statistiques déterminant si vous et votre époux êtes compatibles, si vous allez réussir dans les affaires et de combien sera le salaire annuel brut de vos enfants. Les experts en télécommunication se targuent d'avoir inventé un tel système, tant unique qu'innovateur.

La vérité, c'est que ce ne sont pas eux, les «whiz». Les véritables créateurs, pour ne pas dire créatrices, du réseau d'informations le plus performant et le plus fiable de tous les temps, n'ont jamais obtenu la reconnaissance qui leur était due. Ce système naquit il y a des milliers d'années, quand la deuxième femme apparut sur la terre. Ensemble, avec la première femme, elles ont imaginé un système infaillible et toujours aussi efficace, qui offre beaucoup plus d'avantages que n'importe quel ordinateur.

Tandis que la méthodologie de l'ordinateur s'appuie sur les règles de la logique et sur les équations, le Réseau de télécommunication féminin (RTF) dépend plutôt de «concepts» tels que les émotions, les goûts et les opinions personnels, l'humour et la compassion, le tempérament et la température. Il s'avère infiniment plus coloré et excitant que celui conçu par les experts patentés.

On n'a jamais reconnu tout le potentiel de ce système, parce qu'il ne produit pas de gains financiers, ne crée pas d'emplois et paraît, à première vue, trop simple et trop naturel. Si le RTF avait décidé de se faire rémunérer pour ses services, les experts en télécommunication auraient couru se cacher, couverts de honte.

Le RTF fournit toujours le bon renseignement au bon moment. Il n'y a pas de touches à presser. Le problème, c'est qu'il n'y a pas non plus de bouton d'arrêt... lorsque, par exemple, vous voulez faire un petit souper rapide et que vous allez acheter des hot-dogs ; il se trouvera toujours un membre du RTF pour vous rappeler que les hot-dogs contiennent du glutamate de sodium et que vous risquez d'empoisonner votre famille.

Il n'est pas nécessaire de s'asseoir devant une machine et y attendre l'information. Dans le système féminin, elle coule de source. Vous pouvez tout savoir en une fraction de seconde sur les dents et les broches, et même recevoir une analyse comparative des différents orthodontistes. Les rapports sont toujours très vivants : ils regorgent d'histoires d'horreur, de succès éclatants et d'anecdotes, contrairement aux renseignements insipides dispensés par les boîtes d'acier câblées, branchées.

Les ordinateurs ne peuvent ni voir ni ressentir. Ce n'est pas en vous regardant qu'ils peuvent déduire si vous êtes mince ou obèse. Il leur faut des chiffres — un mètre soixante, quatre-vingts kilos signifie embonpoint. Les ordinateurs ne remarquent jamais vos cernes autour des yeux, ne s'inquiètent pas de vous, ne vous envoient pas un *kugel*[1] pour le sabbat. Ils réagissent seulement lorsque vous appuyez sur une touche, et ils ne viennent pas à votre rescousse quand vous vous retrouvez seule devant une rangée de vis à la quincaillerie.

Vous vous demandez comment fonctionne le RTF ? En voici un exemple parfait, dont j'ai été témoin : j'attendais en file à la pharmacie pour payer. La file se transforma en un forum RTF dès l'instant où deux femmes entamèrent de profonds échanges. La première racontait les moindres détails des hauts et des bas des rénovations de sa cuisine. Un peu plus loin, derrière moi, une autre membre du réseau glanait des informations tout en relançant des idées. Ses propositions étaient si innovatrices que j'aperçus quelqu'un qui prenait des notes au dos de son ordonnance.

— Excusez-moi, êtes-vous prête ? fit la caissière en toussotant.

— Les planchers de céramique sont glissants, poursuivit la dame qui ne s'était pas rendue compte qu'on lui adressait la parole (je vis une cliente dans la file remettre sur les étagères des tuiles de céramique qu'elle s'apprêtait à acheter).

— Hum, hum ! insista la caissière en secouant ses bracelets.

— Bleu ? Je ne pense pas que le bleu se marie aussi bien avec le rouille que le vert.

La caissière se remit à tousser de plus belle.

— À propos, comment va Moishe depuis que tu as cessé de lui donner du beurre d'arachides? Pour Benyamin, cela a fait des miracles!

Une cliente désapprouva fermement, alors que celle devant la caisse demeurait intransigeante en matière d'arachides. Elles se lancèrent dans un dialogue animé sur les noix, qui bifurqua vers le coût de la nourriture qui ne cessait d'augmenter, et aboutit aux élections prochaines. Les autres clientes, qui commençaient à avoir mal aux pieds à force de se tenir debout dans la file, se firent donner une multitude de trucs pour que l'assurance maladie rembourse leurs chaussures orthopédiques.

— AVANCEZ S'IL VOUS PLAÎT, s'exclama l'employée-qui-tousse-sans-arrêt sur un ton plutôt vif.

Quelle ingratitude! Après la mine d'or de renseignements que le RTF venait d'offrir gracieusement pour gagner du temps, de l'argent et même sauver des vies, sans compter les conseils rénovation! À l'évidence, le système n'est pas apprécié de tout le monde.

Même les médecins, avec leurs salles d'attente bondées, devraient attribuer leur succès au RTF. On le sait, le corps humain a été créé pour lutter contre les virus envahisseurs. En général, les reniflements dus au rhume disparaissent sans aucune intervention médicale. La vérité, c'est que le bureau du médecin sert de quartier général au RTF. Le médecin conseillera à ses patients de se reposer, de boire beaucoup d'eau, de prendre des antibiotiques, de faire de l'exercice, de cesser de travailler et de manger, puis de revenir la semaine suivante. La plupart des gens connaissent déjà tout cela. Les femmes, dans la salle d'attente (toutes les femmes sont des membres qualifiées de l'Internationale du RTF), vous suggéreront des remèdes autrement plus efficaces: jus d'ail, huile d'olive, pâte de citron, bracelets *ayn hore*[2], *psukim*[3] tirés des Psaumes, et même des recettes de pâte feuilletée et la liste à jour des épiceries où le chou et l'essuie-tout sont en solde. Toute cette information vous est transmise entre le moment où vous sortez votre carte d'assurance maladie et votre entrée dans le cabinet du médecin.

Rien ne pourra jamais remplacer le RTF. Les compagnies de couches vous attendent peut-être à votre départ de l'hôpital avec des rabais sur les produits pour bébés, mais le RTF s'assurera que votre repas du sabbat est prêt à votre arrivée. Un ordinateur peut vous fournir n'importe quelle information logique, mais il ne comprendra jamais qui vous êtes; peut-il rire ou pleurer avec vous, peut-il vous traiter en amie? Le RTF, oui.

---

1. Un plat ressemblant à un pouding et composé de nouilles, de pommes de terre ou de pain. Il est réservé au repas du midi, le jour du sabbat.

2. Littéralement: «le mauvais œil». Il s'agit de talismans qui éloignent le mal.

3. Des passages ou des citations tirés d'un texte saint (singulier: *posek*).

Une histoire en queue de poisson

Le désir et la satisfaction sont étroitement liés. J'ai pu l'observer souvent chez les enfants : lorsqu'ils pleurent, gémissent, tapent des pieds pour obtenir quelque chose, cette chose perd aussitôt de sa valeur dès que les parents cèdent. Nos sages connaissaient bien ce caprice de la nature humaine. Ne disaient-ils pas : «*Mayim genuvim yimtaku*», c'est-à-dire «les eaux détournées ont un goût plus agréable». Sauf que, dans mon cas, il y avait des poissons dans l'eau. Je fais allusion à l'époque où Surie, ma fille de dix ans, désirait… mourait d'envie… en fait, avait désespérément «besoin» d'un poisson rouge.

L'amie de Surie, Raizy, avait un poisson rouge et régalait un auditoire avide de ses aventures. Plus les enfants s'y intéressaient — dont une Surie captivée —, plus elle ajoutait de détails. Il n'y avait qu'un petit pas à franchir entre la phase du Comme-ce-serait-agréable-d'avoir-un-poisson-rouge et celle du Il-me-faut-absolu-ment-un-poisson-rouge-sinon-la-vie-ne-vaut-pas-la-peine-d'être-vécue. Le passage d'une phase à l'autre s'effectua en moins d'une heure, soit exactement «cette heure» où je baignais les plus jeunes.

Pour parvenir à ses fins, Surie avait un obstacle de taille à franchir : moi. Instinctivement, elle mit en pratique son grand pouvoir de persuasion.

— Ça doit être agréable d'avoir un poisson rouge. Ils sont si mignons, fit ma fille songeuse tandis que je faisais la lessive.

Accoudée sur le rebord de la fenêtre, elle contemplait rêveusement le monde, guettant ma réaction du coin de l'œil.

— Hum… susurrai-je en toute innocence.

Après tout, j'aime bien, moi aussi, regarder les poissons, c'est-à-dire ceux qui se trouvent dans l'aquarium de mon dentiste. Et je n'ai rien contre les poissons rouges. En fait, j'adore la nature, les animaux… à distance, bien sûr. Il y a longtemps que j'ai résolu de pouvoir me passer d'accueillir les créatures de Dieu dans ma propre maison.

Encouragée par ma réaction, Surie passa à l'étape suivante :

— Raizy a un poisson rouge, et elle l'a-d-o-r-e, me glissa-t-elle à l'oreille pendant que je pelais des carottes.

— Ça doit être très agréable… pour Raizy, fis-je avec un sourire.

Surie resta silencieuse, un tout petit instant. J'eus comme un pressentiment…

— Si seulement…

Les yeux de ma fille, fixés sur un point du plafond, étaient remplis d'espoir et de désir.

C'est à ce moment précis que s'amorça ma dégringolade. Je ne réagis pas avec fermeté. Je ne pensai même pas à gagner du temps avec une phrase machinale comme : « Je vais y penser. » À la place, je répondis mollement :

— Nous n'avons aucun endroit où mettre un poisson rouge.

Surie s'était bien préparée :

— Il y a tout l'espace qu'il faut sur ma commode, dit-elle immédiatement.

On dit que les sarcasmes sont l'arme du faible. Je m'affaiblissais de moment en moment.

— Bien sûr, dis-je, le poisson rouge pourra naviguer à travers tes livres, tes vêtements et tout ce qui s'accumule sur ton meuble d'un sabbat à l'autre.

Un conseil, chers parents : en pareille circonstance, prenez un avocat. Autrement, tout ce que vous direz sera retenu contre vous (non seulement votre petit interlocuteur reprendra-t-il vos propres mots pour vous confondre, mais de plus, vous en viendrez rapidement à regretter toutes vos réponses autres que NON! NYET! NEM! NO! NEIN! ou toute expression signifiant NON! dans quelque langue que ce soit). Je n'avais pas acquis cette forme de sagesse à l'époque.

Sentant la victoire proche, Surie fut aussitôt envahie d'un grand élan d'espoir :

— Maman, si j'ai un poisson rouge, «tout» sera différent. Je rangerai «tout» ce qui traîne sur ma commode. Il ne restera «plus» que le bocal du poisson rouge. Tu verras. Je te le promets! D'accord, maman, d'accord? Est-ce que je peux avoir un poisson rouge? Est-ce que je peux?

J'étais attendrie, et Surie le sentait bien. Déjà, je tentais de me justifier, à moi-même, ma capitulation : «Ce serait peut-être bon pour Sureleh[1] d'être davantage en contact avec la nature que je ne le suis.» J'imaginai également d'autres excuses, dans le genre : «Pourquoi devrait-elle hériter de mes névroses?» (elle en avait sûrement assez des siennes) ou «Être responsable d'un poisson pourrait s'avérer une expérience positive.» Restait à savoir pour qui?

— Et qui va nettoyer le bocal, nourrir le poisson et remplacer l'eau sale? demandai-je.

Surie n'allait évidemment pas abandonner après s'être rendue si loin.

— Moi, maman, bien sûr, dit Surie avec de grands yeux ingénus. J'ai tellement hâte de m'en occuper.

Et voilà comment une Surie triomphante se pointa

un jour à la maison avec un poisson rouge dans un sac, un bocal et de la nourriture pour poissons.

— On doit lui donner quatre flocons par jour, dit-elle en toute connaissance de cause, comme si elle avait reçu une formation de pointe en élevage de poissons rouges.

La maison présentait cet air de fête que l'on réservait généralement à la venue d'un nouveau bébé. Un poisson dans la famille! Surie remplit le bocal devant ses frères et sœurs béats d'admiration... et une maman en proie au doute.

Lorsqu'elle vit que le bocal était plein, Surie comprit que c'était son devoir, en tant qu'hôtesse, d'introduire le poisson dans son nouveau chez-soi. C'est à ce moment qu'elle se mit à vaciller. Mettre un poisson grouillant et visqueux dans un bocal ne semblait plus, tout à coup, aussi attirant.

— Tu sais quoi? annonça Surie d'une voix bienveillante au petit Avrumi, six ans, je vais même te laisser déposer le poisson dans l'eau...

Elle lui tendit le sac, refrénant un haut-le-cœur.

Ce soir-là, le premier repas du poisson fut l'occasion d'une véritable célébration. Se tenant à une bonne distance au cas où son protégé lancerait une attaque-surprise, Surie prit une grande respiration et lâcha un flocon de nourriture dans le bocal. Le poisson fit surface et happa le morceau.

Surie se leva plusieurs fois pendant la nuit. Comme une maman qui vient d'accoucher, elle maintint sa veille jusqu'au matin.

— Ouach! Maman! hurla-t-elle le lendemain, aussitôt levée.

J'arrivai à la course.

— Qu'est-ce que c'est? fit-elle, en pointant une substance filamenteuse qui pendait à la queue du poisson.

— Hum... Tu sais, Surie, avançai-je avec toute la

délicatesse possible, un poisson est un être vivant, et tout ce qu'il doit faire, il va le faire... dans son bocal.

Dès lors, l'euphorie première de Surie se dissipa rapidement. Si elle se souciait encore du bien-être de son poisson, elle était toutefois dégoûtée à sa vue. Elle délégua la responsabilité de l'entretien du bocal à ses frères et sœurs plus jeunes.

— Je ne saisis pas, lui dis-je. Comment comprends-tu le sens du mot *akhrayes*[2] ? Est-ce une tâche de garçons de nettoyer le bocal du poisson ?

— Eh, je vais vous aider ! lança-t-elle à ses frères Avrumi et Hershy qui étaient plongés dans une partie de bataille navale. J'apporte un récipient, vous versez l'eau du bocal dedans avec le poisson, et puis vous lavez le bocal.

— Hum... fit un Avrumi sceptique qui retourna à sa partie.

Cette réaction força Surie à recourir à un plan B.

— Qui veut ma calculette ? demanda-t-elle avec un air détaché.

— Moi ! crièrent d'une même voix les deux garçons.

— Elle est à vous dès que vous aurez nettoyé le bocal du poisson.

Hershy, plus rapide que l'éclair, revint en courant avec le *neigel vasser*[3] de Surie.

— Aïe ! hurla Surie. Tu ne feras pas ça ! Pas avec mon *neigel vasser* ! Prends autre chose ! Sur quoi, elle s'empara du récipient des mains de Hershy, renversant toute l'eau sur les deux garçons et sur le plancher.

Hershy trouva un autre contenant pendant qu'Avrumi se servait de mon tamis à farine pour attraper le poisson dans le bocal.

— Pas mon tamis ! m'écriai-je.

Il était trop tard. Le poisson y barbotait déjà. Depuis ce jour, suivant la tradition de la *cacherout*[4], mon tamis est désigné comme *fishik*, c'est-à-dire réservé à l'usage exclusif... des poissons.

— Excusez-moi, j'ai des devoirs à faire, signifia Surie en fuyant la scène.

Justement, j'avais, moi aussi, une chose importante à faire, et je me réfugiai sur le balcon pour réfléchir précisément à… quelle chose? Nous sommes revenues sur les lieux seulement lorsque Avrumi nous avertit que tout était rentré dans l'ordre. À partir de là, le moindre élément qui était entré en contact avec le poisson rouge ou, d'ailleurs, avec toute espèce de poisson fut déclaré, par Surie, officiellement dégoûtant.

Surie est, par nature, une personne bienveillante. Après tout, pensait-elle, c'est seulement à cause de son apparence qu'un poisson est différent — et dégoûtant. Et, à ses yeux, de quelque point de vue où l'on se place, vivre dans un bocal constituait une existence misérable. Elle acheta donc des pierres colorées et d'autres bricoles, et décora le bocal pour égayer la vie de son protégé. Celui-ci sembla se satisfaire pleinement de son nouvel environnement.

Surie continuait à se faire énormément de souci pour son poisson. Son sentiment oscillait entre l'inquiétude, l'empathie et la répulsion. Elle craignait qu'il ne souffre de la solitude et passait beaucoup de temps auprès du bocal pour lui tenir compagnie. Pour partager le poids de sa responsabilité, elle se procura un autre poisson rouge; sans doute pourrait-il combler les besoins émotionnels et sociaux de son congénère.

À tous les deux jours, Avrumi et Hershy nettoyaient le bocal des saletés et excréments laissés par les deux poissons rouges. L'opération prenait plus de temps, car désormais, il fallait aussi rincer les pierres, les coquillages et les *tshatshkes*[5]. Surie avait même cessé de soudoyer ses frères pour qu'ils l'aident. Maintenant passés maîtres dans l'art de nettoyer le bocal, les deux garçons oublièrent tout simplement que ce travail incombait au départ à Surie.

— *Nu!*[6] Comment pouvez-vous laisser les poissons nager dans une eau aussi sale? fit une Surie qui tançait ses frères de haut. Allez, au travail!

Au début, les poissons rouges tournaient gaiement dans le bocal en formant des cercles. Après quelques jours, Surie remarqua que le poisson no 1 agressait le nouveau venu, le poussant, le poursuivant, mordant sa queue. Le plus troublant, c'est que, lorsqu'elle voulut les nourrir, le poisson no 1 tassa son compagnon sur le bord du bocal pour lui subtiliser sa nourriture. Le pauvre nouveau ne pouvait manger que les restes de l'autre poisson, c'est-à-dire rien.

Surie fut extrêmement affectée par son incapacité à mettre fin à ces mauvais traitements. Les menaces d'expulsion ne semblaient guère intimider le poisson no 1 qui devenait de plus en plus gros et fort, alors que l'autre dépérissait. Il lui fallut deux semaines pour comprendre que le nouveau venu se trouvait dorénavant en danger de mort. Le rêve de Surie s'était transformé en cauchemar.

Un certain jour de sabbat, on constata que le petit poisson nageait avec peine. Il ne faisait pas même l'effort d'atteindre sa nourriture. Il flottait, apathique. Je remarquai que Surie ne mangeait pas beaucoup non plus, ce jour-là. En fait, Surie avait l'air, elle aussi, carrément amorphe. Après le *seouda*[7] du sabbat, elle sortit chez son amie.

Cet après-midi-là, nous avons tous évité d'approcher le bocal. Lorsque les hommes revinrent de la *shul*[8] à l'heure du *motse-shabes*[9], Surie supplia son père de jeter un coup d'œil sur le poisson. La scène qui attendait mon mari était d'une tristesse inouïe. Le poisson maigre flottait sans vie sur le dos, alors que son compagnon nageait triomphalement tout autour du bocal. Libéré de l'usurpateur, le poisson no 1 avait rétabli son monopole sur la masse d'eau. À partir de ce jour, Surie n'approcha plus le bocal. Elle n'avait aucune envie de se lier d'amitié avec un être aussi passionnément égoïste. Mes vagues explications sur «la loi du bocal» n'eurent aucun effet sur elle.

Une fois de plus, Avrumi et Hershy vinrent à sa rescousse. Ils se chargèrent de jeter le poisson mort dans les toilettes. Pendant quelques années, Surie évita cette salle de bains.

La semaine suivante, j'offris le poisson à Katia, ma bonne. Elle l'ajouta à tous les autres poissons qui nageaient déjà dans son grand aquarium. Au tour de N° 1 de subir l'humiliation : il allait maintenant être le nouveau venu.

Peu à peu, Surie se remit à sourire, puis bientôt à désirer, à mourir d'envie et finalement à avoir absolument besoin de ceci, cela. Au bout de quelque temps, elle retrouva un état de désespérance aiguë. Une seule chose pouvait maintenant la rendre heureuse : Zisie venait d'avoir un piano et avait initié Surie aux joies de la musique.

— Ça doit être agréable d'avoir un piano, murmura Surie, son bras allongé sur le rebord de la fenêtre, pendant que je pliais des vêtements.

Je me gardai bien d'intervenir. Pourquoi gâcher un désir aussi pur en le satisfaisant?

----

1. Diminutif affectueux de Surie.

2. Terme yiddish pour «responsabilités».

3. Réserve d'eau placée au pied du lit et servant, dans la tradition judaïque, aux ablutions cérémonielles du matin.

4. L'ensemble des règles qui déterminent, dans le judaïsme, ce qui est comestible, ou cachère, et ce qui ne l'est pas.

5. Terme yiddish pour «babioles».

6. Exclamation yiddish.

7. Repas festif à caractère cérémoniel.

8. Terme yiddish désignant une synagogue.

9. Le soir clôturant le sabbat ou, si l'on veut, le moment où le jour saint s'efface devant la vie de tous les jours.

La revanche de l'ordinateur

L'ordinateur trône sur le bureau dans ma chambre. Il me nargue de ses touches tandis que j'écris sur du papier, mâchouillant un crayon entre deux phrases. Il apprécie sa douce revanche pour toutes les critiques et les sarcasmes que j'ai longtemps assenés à la technologie, jusqu'au jour où...

Eh oui, j'ai investi dans un ordinateur, espérant qu'il m'aiderait à traiter ma charge de travail toujours plus exigeante. Il y a des limites à ce que l'on peut faire avec une machine à écrire du dix-neuvième siècle. Je m'attendais à gagner un temps fou grâce à l'effacement automatique, au dictionnaire intégré, aux fonctions d'édition, d'espacement et d'impression, tout en cliquant avec une souris.

Bien sûr, je n'allais pas me laisser séduire aussi aisément par un ordinateur. Pressée de jouir de ses avantages, je croyais néanmoins pouvoir garder le contrôle des opérations : pas question de m'empêtrer dans ses F6, F7, F8... J'installai l'ordinateur dans ma chambre, à mon entière et unique disposition. J'étais prête à attaquer tous mes mandats, tous mes délais avec ponctualité, précision, rapidité, et en toute quiétude.

J'étais loin d'imaginer que ces bidules sont dotés de raison. Tout simplement, mon ordinateur et moi avons un sérieux conflit de personnalité. Il m'est plus facile de calmer un enfant en crise ou de me battre contre dix petits pour les mettre au lit que de me démener avec un ordinateur arrogant qui se doute bien qu'il a affaire à une *homo ignarus*.

Les ordinateurs ont été inventés pour nous simplifier la vie et devraient donc être faciles à utiliser. Mon premier contact avec un ordinateur fut aussi embarrassant que si l'on m'avait présentée à un *khosid*[1] pakistanais. En fait, la première fois que j'entendis le terme «icône», je pensai aussitôt à «*avoda zara*»[2]. Après avoir passé quelque temps en compagnie d'un ordinateur, je commence à croire que j'avais raison.

Je pressai une première touche, puis nous fîmes connaissance. Plus je cliquais avec la souris, plus monsieur l'ordinateur me renvoyait des gros mots sous forme codée. Quand ma fille m'expliqua que le trait clignotant sur l'écran n'était pas là pour me provoquer, mais que c'était simplement un curseur, je compris que cette boîte malpolie et moi-même avions immédiatement besoin d'une thérapie. Je déteste me faire insulter.

Il me fallut un certain temps pour puiser au fond de moi le courage de me retrouver seule avec mon ordinateur. Je me répétais sans fin : «Bâtons et roches peuvent me briser les os, mais pas les mots.» Puis je me mis à expérimenter, cliquant avec la souris, créant de nouveaux fichiers et des monstres intitulés : XnA/Pw1»***. Je fus tout près de provoquer une hémorragie interne de l'appareil.

Après treize heures passées devant l'écran à cliqueter à droite et à gauche, je réussis astucieusement à inventer, malgré moi, des fichiers affublés de noms comme «mishkabable» ou «oszt a kutyafajat neki»[3] que j'expédiais aussitôt dans la jolie petite poubelle disposée dans le coin de l'écran. Si astucieuse que j'en vins à me prendre pour une crack en informatique.

Après un autre trente-deux heures à défaire ce que je venais de faire, et alors que je m'apprêtais à tout abandonner, je décidai qu'il était grandement temps que je commence à rédiger un article. Je me mis à taper, mais l'écran m'ignora totalement, ou alors il me répondait par des expressions comme «Dossier incorrect», «Attention!» ou «Cette machine va exploser si vous n'appuyez pas immédiatement sur XYZ///'». À force de m'acharner dessus, le bouton «aide» finit par décrocher du clavier. J'étais tellement inondée d'informations que j'aurais pu devenir programmeuse professionnelle (si seulement j'avais pu en saisir le jargon). Je parvenais à changer les motifs de l'arrière-plan, réduire ou agrandir l'affichage des fenêtres, changer la couleur de l'écran de veille, sauf que je n'avais toujours pas compris comment utiliser le clavier.

J'en suis maintenant à 384 heures d'expérimentation et 392 heures de supplication — j'ai supplié mon (ex)amie au téléphone de me montrer encore et encore la façon de me sortir de là. Dommage que sa ligne ait été débranchée juste au moment où j'avais l'impression d'arriver à quelque chose. Son nouveau numéro de téléphone est confidentiel.

J'ai essayé, j'ai vraiment essayé. Finalement, j'ai dû étouffer mon orgueuil et me résoudre à acheter l'ouvrage intitulé : *Windows pour les nuls*. J'ai même dû passer outre au sourire narquois du commis lorsque je lui ai confié que c'était pour une amie. Au fur et à mesure que je feuilletais le livre, ma confiance en moi se mit à chuter, chuter, jusqu'à des profondeurs abyssales. Tout le livre était écrit dans un langage obscur. J'ai bien tenté de rire en lisant les petits commentaires de l'auteur, dans le genre : «Ne souhaiteriez-vous pas que perdre du poids soit aussi facile que comprimer des fichiers?» Rien pour m'encourager.

Il n'est pas aisé d'admettre qu'après avoir élevé

toute une famille, multiplié les conseils, soigné une douzaine de malades, préparé durant des années les *yom tovim*[4], et même cuisiné les plus délicieux *kugels*[5] de tout le voisinage, que dis-je, de l'univers tout entier, je me retrouve pire qu'une illettrée. Il ne me restait plus qu'à aspirer à devenir une «nulle» accomplie.

Ainsi donc, après avoir investi temps et argent dans un ordinateur sophistiqué, me revoilà comme avant, en train de mordiller un crayon et de griffonner sur du papier. Jusqu'ici, tout ce que ce que j'ai pu tirer de cette machine, ce sont des idées pour cette nouvelle, *que j'écrirai à la main avec un bon vieux crayon.*

---

1.   Littéralement, en hébreu: «un pieux» (pluriel: *khasidim*). Le terme désigne les membres de la communauté hassidique est-européenne.

2.   Cette expression se rapporte, dans le Talmud, à tout ce qui a trait à l'idolâtrie, et, *lato sensu,* à tout ce qui concerne le recours aux forces maléfiques.

3.   Expression hongroise signifiant: «qu'on se serve sur lui d'un fouet pour chiens».

4.   Expression judaïque se rapportant aux fêtes religieuses (singulier: *yom tov*).

5.   Sorte de pouding aux nouilles, aux patates ou au pain, servi au repas du sabbat (singulier: *kugel*).

À trois, si vous n'êtes
pas couchés!...

Être à la fois écrivain et mère, c'est comme nager contre le courant. Il suffit que je trouve un filon génial, pour qu'un raz-de-marée déferle sur ma maison. Le temps d'apaiser les remous, j'ai perdu le fil de mon idée. Tout un défi que de passer du clavier aux rendez-vous chez le dentiste, puis d'écouter mes enfants s'épancher sur leurs problèmes en classe. Ce qui multiplie mes difficultés à rédiger un article tout en faisant la chasse aux poux tient à un phénomène trompeur appelé «l'heure du coucher».

Il fut un temps où, à sept heures du soir, je pouvais entendre une aiguille tomber. J'étais à même de décompresser, de me préparer pour le lendemain ou de faire cent mille choses pour lesquelles j'avais manqué de temps durant la journée. Qui plus est, je m'offrais le luxe de penser, sans être interrompue. En ce temps-là, j'étais la reine de mon château et ma parole avait force de loi. Un enfant attrapé hors de son lit, une fois les lampadaires allumés dans la rue, faisait mieux d'avoir une excellente excuse — rien de moins qu'un tremblement de terre ou une irruption volcanique!

Aujourd'hui, les enfants ne dorment plus. Chaque soir, avec une présence toute maternelle, j'effectue un à un les gestes du coucher: enfiler les pyjamas, dire *kriat shema*[1], distribuer souhaits de bonheur et tendres baisers, puis border, border, border… Suis-je naïve ou trop optimiste : j'estime, après tous ces efforts, que la soirée m'appartient. Je n'ai pas terminé de ramasser les bricoles et de retirer les chaussettes du coffre à jouets, que déjà j'entends les premiers bruits de pas se dirigeant vers le lavabo.

— J'ai soif.

Tout à coup, les reins de tout un chacun s'activent, et une ligne se forme devant les toilettes. À la suite d'un calcul rapide, j'évalue que la quantité d'eau consommée, plus celle utilisée pour le lavement des mains et pour la chasse d'eau, équivaut à la moitié du fleuve Saint-Laurent, qui s'écoule dans mes tuyaux chaque soir.

J'ai beau m'évertuer à border mes petits *sheyfalekh*[2] dans la chaleur et la sécurité de leurs petits lits, ils en sont mystérieusement éjectés. À peine ai-je tourné le dos que les matelas se convertissent en trampolines, et la chambre, en une piste de cirque grouillant d'acrobates.

Quand on me demande combien ai-je d'enfants, je veux d'abord que l'on précise : le jour ou le soir ? Une fois le soleil couché, ma famille se multiplie par dix. J'ai l'impression de découvrir le même enfant simultanément à treize endroits différents. À douze enfants, faites le calcul !

Je balaie les brillants éparpillés sur le plancher, arrache le papier construction qui colle à mes semelles et me prépare pour les olympiades du coucher. Chaya inaugure les cérémonies officielles en déclarant :

— Chaim a besoin de la salle de bains.

Veuillez noter, s'il vous plaît, que Chaim est à l'entraînement pour le petit pot, et que chaque seconde compte. Mes palpitations s'accélèrent tandis que j'accours, accompagnée d'une foule de petits supporteurs tous anxieux d'assister au dénouement de cette épopée.

Arriverai-je à temps? Et Chaim? Eh bien... NON! Je reprends donc les manœuvres du coucher depuis le début. Il est maintenant entre 9 h 30 et 11 h 00 du soir et tous les bobos refont surface : maux de ventre, maux de tête, maux d'oreilles, crampes d'orteils... C'est fou ce qu'il y a de morceaux dans un corps humain!

J'ai lu plusieurs livres sur l'éducation des enfants, et pourtant je n'ai jamais rencontré un auteur qui puisse m'expliquer pourquoi les enfants se plaignent qu'ils ont faim à longueur de journée, puis perdent l'appétit à l'heure des repas. Une fois à table, la nourriture devient projectile, article de sport, pâte à modeler, crème pour le visage. En fait, rien qui se mange. Curieusement, aussitôt que l'on prononce le mot «pyjama», le métabolisme des enfants s'active et les voilà qui se transforment en une horde d'affamés.

Chez les adultes, les facultés mentales déclinent avec la journée. Les enfants fonctionnant à l'inverse, plus on approche de minuit, plus leur mémoire est vive :

— M'man, tu avais dit qu'on ferait le casse-tête après le souper!

— Hier, tu as dit qu'on ferait des petits gâteaux après l'école!

— Je n'ai pas révisé mon devoir et le professeur a dit qu'il me collerait un point rouge si je ne le faisais pas.

— Pourquoi les chameaux ne volent pas?

J'implore, je cajole, je fais de nouvelles promesses :

— Demain, nous aurons tout le temps pour faire des gâteaux.

— Je vais faire congédier ton professeur s'il ose te coller un point rouge.

— Dimanche, nous irons aux autos tamponneuses.

— Les chameaux ne volent pas parce que la maman chameau ne pourrait jamais attraper ses petits pour les mettre au lit.

— Je vous promets la lune.

Puis, en désespoir de cause... j'applique l'une des observations et théories que j'ai développées au fil des ans :

— À trois, si vous n'êtes pas couchés !... (Le visage doit afficher un air menaçant.)

Je me mets au défi, un soir, de ne forcer personne à aller se coucher. Chaim va fermer l'œil dans sa chaise haute, Chaya va s'endormir dans un coin en suçant son pouce et Hershelleh, s'assoupir avec un livre. Je pourrai alors m'approcher subrepticement, pyjamas à la main... Hélas, je sais très bien qu'à ce moment précis, ma petite bande de noctambules va s'animer. Et marcher de la chambre à coucher à la salle de bains à la cuisine à la chambre à coucher à la salle de bains... et nous nous souhaiterons «bonne nuit» jusqu'à l'aurore.

---

1. Prière récitée au moment de se mettre au lit.

2. Mot yiddish par lequel les Hassidim désignent affectueusement les enfants (singulier : *sheyfale*).

L'optimiste, le patient,
le méticuleux, etc.

Le mois d'*eloul* est le moment de l'année où nous devons réévaluer nos priorités et tenter de devenir de meilleures personnes. Des sermons enregistrés et des conférences nous guident dans notre quête spirituelle. Nous sommes privilégiés de pouvoir nous inspirer d'une lignée séculaire de *tsadikim*[1] et de héros. Depuis notre plus tendre enfance, l'histoire de ces grands hommes nous édifie, et leur mémoire perdure en nous, vive et intense.

Il y a d'abord *reb* Nachum Ish Gam Tsu, toujours optimiste, même au milieu d'épreuves terribles, confiant qu'à quelque chose malheur est bon. Vient ensuite Hillel[2], le grand indulgent, l'éternel patient, puis Shammaï[3], qui étudiait méticuleusement et sans relâche les moindres détails de la *Tora*[4] et ses préceptes. J'aime surtout *reb* Zushe, toujours satisfait de son sort, qu'il fût enviable ou non, et qui n'avait besoin d'aucun confort pour servir *Hashem*[5].

À partir d'*eloul*, je fais un effort supplémentaire pour m'élever à leur niveau. Je suis déterminée à devenir, en moins d'une heure, chacun de ces *tsadikim* décrits dans la *mesoyre*[6]. Je suis implacable, je fais *tshuva*[7] frénétiquement, et juste comme je traverse fièrement les nuages, atteignant presque au *kise hakoved*[8], je retombe sur terre avec fracas.

Pendant quelque temps, je me sens sur la bonne voie. Quand j'essaie d'introduire la pensée de *reb* Nachum Ish Gam Tsu dans ma maison, je m'encourage en me rappelant ses célèbres paroles : « *gam tsu letoyvo* »[9]. Voilà, me dis-je, un slogan pour toute notre vie familiale. Une assiette brisée, un lave-vaisselle qui ne fonctionne pas, une commande en retard, tout ne mérite-t-il pas qu'on s'exclame : « *gam tsu letoyvo* », « Que cela aussi serve le bien ». Je me calme, consciente que ces contrariétés ont certainement leur raison d'être. Comme tout est dirigé depuis les hauteurs célestes, chaque échec, chaque déception comporte un aspect positif, même si on ne le voit peut-être pas sur-le-champ.

À chaque frustration, j'y vais d'un « *gam tsu letoyvo* », au risque de donner l'impression que j'aime avoir des problèmes. Mais une fois rendue au milieu de la semaine, mes exigences envers moi-même se relâchent, et je n'espère plus qu'une chose : pouvoir compléter mes préparatifs pour le *yom tov*[10], sans me faire interrompre à tout moment.

En général, cela se produit tôt le matin, tout juste après que le dernier enfant se soit présenté à l'heure en bas de l'escalier. Huit secondes après avoir entendu l'autobus s'arrêter devant la maison, puis repartir, j'ai à peine le temps de me retourner que je surprends Surreleh — que j'avais personnellement escortée jusqu'au bas de l'escalier — en train de renifler derrière moi.

— Je suis remontée chercher un mouchoir, dit-elle avec le ton de quelqu'un qui a tout le temps devant soi.

Je m'efforce, après avoir poussé un hurlement incontrôlé, de respirer normalement. Je parviens même à lancer un « *gam tsu letoyvo* », quoique d'une voix un peu plus forte que d'habitude.

Je réitère un « *gam tsu letoyvo* » en lui tendant d'autres mouchoirs, puis dans un souffle :

— Combien de fois t'ai-je dit de ne pas retourner

en haut quand l'autobus arrive? Bon, allez! «*gam tsu letoyvo*». Ma journée était déjà toute planifiée. Comment vais-je te conduire à l'école? J'ai un rendez-vous chez le dentiste dans quinze minutes. Oh! «*gam tsu letoyvo*».

Je continue de répéter la formule, mais je n'ai plus la conviction de *reb* Nachum.

Après avoir prononcé cette exhortation une trentaine de fois, au moins, avant que Surreleh soit enfin rendue à l'école, j'ai comme l'impression que ma fille prend «*gam tsu letoyvo*» pour une menace.

Shammaï, je ne réussis à l'imiter qu'une petite journée. Je circule dans la maison, tendue comme un ancien fumeur, notant inconsciemment que ma famille, incapable de s'élever à mes nobles exigences de spiritualité, se tient à distance. Je ne tolère aucun comportement qui soit à un iota de la perfection, et Dieu vienne en aide à quiconque me barre la route. Ma performance culmine en une longue *tfila*[11] avant de se transformer en crise de larmes. Je comprends alors que je pense et agis comme Shammaï, mais sans sa grâce. Je me convaincs assez tôt d'adopter la tactique du compatissant et patient Hillel.

Dès lors, je deviens un modèle de tolérance. J'accepte, sans broncher, les crises de rage et je me dévoue à ma famille inlassablement. À l'heure du coucher, en fait lorsque je me démène et me débats pour coucher les enfants, je fais des exercices de respiration. Mes paisibles soupirs ne passent pas inaperçus. J'obtiens, par un simple sourire plutôt qu'en recourant à la force habituelle, qu'on ramasse les jouets. Afin de souligner mon héroïsme et ma droiture, je laisse échapper de ces soupirs, tandis que je tente de réunir la famille pour le repas du soir, ce qui revient à rassembler un *minyan*[12] au Rwanda. Je soupire en silence, ou doucement, et parfois un peu plus fort pour être sûre que l'on me

remarque, jusqu'à ce que mon souffle ressemble à de l'emphysème. Je deviens si docile et détendue que la maison prend finalement un air de carnaval... Je n'ai plus le choix : je dois restaurer l'ordre ; j'abandonne les enseignements de nos sages pour revenir à mes bonnes vieilles méthodes policières.

Je fais souvent l'éloge de *reb* Zushe le bienheureux, comblé simplement de pouvoir servir le Créateur dans la joie. Il ne se préoccupait guère des questions bassement matérielles, comme de se nourrir ou se vêtir ; en fait, il est fort probable que *reb* Zushe devait se passer de l'un comme de l'autre. Je cite des récits le concernant dès que j'entends quelqu'un se plaindre, et je re-fu-se absolument le matérialisme ambiant... jusqu'à ce que je fasse le tour des garde-robes et constate que les enfants n'ont rien à porter pour le *yom tov*. Je me donne alors corps et âme au magasinage — j'hésite au moins vingt minutes avant de décider si une chaussure est *shabosdik*[13] ou pas — jusqu'à ce que je tombe d'épuisement ou que l'argent vienne à manquer (selon la première possibilité).

Tout comme Zushe, il m'importe peu de savoir si je pourrai nourrir les miens pour le *yom tov*... parce que, contrairement à lui, mon congélateur contient assez de vivres pour ravitailler une armée. En fait, je l'avais rempli longtemps avant de cesser d'être matérialiste. Je dois bien admettre qu'on ne devrait pas s'inspirer des *tsadikim* seulement durant la période qui va du mois d'*eloul* jusqu'aux *yom tovim*. Il leur a fallu une vie entière pour en arriver à nous montrer la voie. Chacun d'entre eux possédait des vertus uniques et a tenté, à sa manière, d'enrayer la présence du mal en ce monde. Leur grandeur nous dépasse. Je puis seulement tenter d'imiter l'un ou l'autre selon les impératifs du moment.

Ce que je souhaite vraiment, c'est que Dieu reconnaisse la sincérité de mes efforts, et qu'il m'accorde quelque bénéfice pour avoir au moins essayé.

---

1. Saint homme dans la tradition judaïque (singulier : *tsadik*).

2. Hillel dit Ha-Zaken (l'Ancien). Personnage historique qui se situe juste avant la destruction du deuxième Temple (70 de l'ère chrétienne), il est considéré comme le plus éminent parmi les sages de cette époque et est à l'origine d'une école d'interprétation qui passe pour rechercher une grande simplicité d'expression.

3. Shammaï dit Ha-Zaken (l'Ancien). Contemporain de Hillel, il a fondé une école d'interprétation qui montrait une plus grande sévérité sur le plan légaliste.

4. Les cinq premiers livres de la Bible, ou le Pentateuque, comprenant les principes essentiels de la loi judaïque.

5. Expression judaïque décrivant Dieu comme «le nom». La tradition biblique interdisait aux juifs de prononcer le nom de Dieu, si bien qu'ils en sont venus à l'invoquer comme «celui dont le nom», d'où *Hashem*.

6. L'ensemble de la tradition judaïque. En français, on utilise aussi le terme *massorah*.

7. Acte d'expiation et de repentir sincère.

8. Le trône divin.

9. «Que cela aussi serve le bien». Le nom du rabbin s'inspirait des deux premiers mots de sa maxime préférée, c'est-à-dire *«gam tsu»*, «Que cela aussi».

10. Terme yiddish servant à désigner une fête religieuse ou une célébration importante (pluriel : *yom tovim*).

11. Une prière.

12. Dans le judaïsme, il s'agit d'un quorum de dix hommes requis pour la prière. Par extension, une communauté suffisamment nombreuse pour soutenir la pratique religieuse.

13. Conforme aux exigences en vigueur durant le sabbat, donc assez chic pour être porté un jour de fête.

Les risques d'une bonne santé

L'industrie de la santé est... en parfaite santé. Les compagnies offrant vitamines, herbes, baumes et toute une panoplie de thérapies, prolifèrent. Chaque innovation dans ce domaine génère des théories qui discréditent les précédentes, et plus je lis sur le sujet, plus je suis confuse. Voilà pourquoi Chedva et moi nous entendons à merveille...

— Qu'est-ce qui ne va pas? demandai-je à Chedva lorsque je la rencontrai dans l'autobus, l'air soucieuse. Tu te sens bien?

— Non, pas vraiment, me répondit-elle. Je me sentais très bien jusqu'à ce que j'aille dans un magasin de produits naturels, il y a une heure, acheter du miel pour faire des biscuits. C'est quand je me suis mise à feuilleter des brochures et que j'ai été assaillie par tous ces titres de livres sur la santé que j'ai senti ma pression monter. Depuis, je baigne dans une confusion totale. Je mourrai, selon toute vraisemblance, de tous les cafés et de tous les gâteaux que j'ai avalés. La seule façon, pour moi, de rester équilibrée serait de faire du yoga ou de la méditation. Après avoir lu les trois premières pages du livre *Prêt à vous mettre en forme,* j'ai dû me rendre à l'évidence: je ne suis ni prête ni en forme.

Une immense angoisse lui fit venir les larmes aux yeux.

— Ne te mets pas dans un état pareil, fis-je pour la réconforter. Je viens tout juste de voir le nom d'un jeune médecin naturopathe sous la rubrique nécrologique. On y apprend qu'il est mort de cause naturelle. Il avait écrit un best-seller sur les vertus du gen quelque chose, euh... je veux dire, du ginseng, et il s'est étouffé en mâchant cette substance avec laquelle il avait fait fortune.

— Tu penses me consoler en me racontant les malheurs de quelqu'un d'autre? répliqua sèchement Chedva. Pour moi, il n'y a pas de doute, je dois changer du tout au tout et prendre le virage santé, fit-elle avec une détermination telle que je ruminais encore là-dessus, bien après qu'elle soit descendue à l'arrêt suivant.

Depuis, Chedva est devenue mon gourou. Elle a acheté tous les nouveaux livres qui traitent de santé et demeure à l'affût de toutes les publications sur le sujet. Garder la forme amène son lot de *halokhes*[1]!

Le vocabulaire de Chedva s'est beaucoup enrichi, et elle glisse moins de *oy veh!*[2] dans ses conversations. Elle sort maintenant de grands mots très sophistiqués, dont la plupart se terminent par «pathe» comme, par exemple, «naturopathe», «homéopathe», «psychopathe»... et patati! et patata!

Chedva s'intéresse également aux thérapies. En réalité, il existe plus de formes de thérapies que de maladies et tout plaisir peut se transformer en thérapie. Thérapie par le rire, thérapie par la lumière, art-thérapie... Je songe à lancer la thérapie du «rhumikub». Cela me permettrait de devenir une «rhummipathe» ou quelque chose dans le genre. Mais la dernière recommandation de Chedva, c'est l'aromathérapie.

— Oh! lui dis-je, j'ai réglé le problème des odeurs dans la maison avec du Lysol et du M. Net.

— Ah non! me répond Chedva, horrifiée. Ça, c'est du poison! L'aromathérapie ne sert pas à nettoyer la maison, c'est pour soi-même, pour sa santé physique et mentale. L'idée est d'inhaler le parfum des plantes. Il s'agit d'une poudre qui contient des huiles essentielles extraites d'algues et de toutes sortes de fleurs exotiques et d'herbes. J'en mets dans mon bain, puis je me détends et j'inhale. Cela guérit de l'arthrite et de l'asthme, nous rajeunit, est bénéfique pour le *shalom-bays*[3], vient à bout de l'eczéma et de la goutte, protège contre la grippe, rend une belle-mère plus raisonnable et accomplit des miracles pour le teint. J'ai fait une aromathérapie ce matin et je perçois déjà la différence.

— D'accord! d'accord! l'interrompis-je tandis qu'elle parlait encore. C'est pour ça que ta peau est si colorée?

Chedva alla se regarder dans le miroir pour voir ce que j'entendais par «peau colorée», et poussa un hurlement. Après avoir fouillé dans sa pharmacie, elle comprit qu'elle avait saupoudré dans son bain tout un sac de retailles de crayons de couleur que sa fille Basya avait préparé pour sa classe d'arts plastiques.

— Et ça sentait quoi comme parfum? fis-je pour la taquiner.

— C'était des crayons qui sentent les fruits, répondit-elle, décontenancée.

La santé de Chedva se ressentit de cet épisode, ce qui ne l'empêcha pas de faire tout son possible pour l'améliorer.

Son jardin de légumes biologiques faisait la fierté du quartier. On pouvait y contempler un tas de compost aussi haut qu'un gratte-ciel. Chedva tenta même de rallier sa famille à la bonne cause :

— Pourquoi mes amis prennent-ils des médicaments seulement quand ils sont malades, alors que moi, je dois en prendre même quand je vais bien? se plaignait Tovy tandis qu'il avalait en grimaçant une cuillerée d'huile de lin mélangée à du miel non pasteurisé et à des amandes broyées.

Puis ce fut l'ère de l'ail :

— Excellent contre les vers, les otites, les virus et les bactéries, répétait Chedva.

Elle accrocha des gousses d'ail tressées tout autour de la fenêtre de sa cuisine. Non seulement cela fit disparaître les vers, mais encore toute forme de vie animale à un kilomètre à la ronde.

Peu à peu, vivre « santé » finit par épuiser Chedva. Elle mit tant d'énergie à convaincre sa famille de partager son mode de vie qu'elle y perdit des forces et beaucoup de poids. Dans un moment de faiblesse, elle admit même qu'essayer de rester en santé la rendait malade.

— Je sais ce qu'il te faut, dis-je en connaisseur. J'ai une excellente thérapie *heymishe*[4] pour toi.

Lorsqu'elle se présenta chez moi pour dîner, elle trouva sur ma table du café, du gâteau au fromage, des bagels, du saumon fumé et des *blintses*[5]. Nous passâmes un bon moment, oubliant les règles et le compte de ce que nous mangions.

— Merci, c'était vraiment agréable, dit Chedva qui avait un air radieux et reposé. Je me demande tout de même comment tu fais pour demeurer en vie en mangeant ce genre de nourriture.

Haussant les épaules, je lui répondis nonchalamment :

— Moi aussi, je crois aux aliments naturels : c'est ceux que j'aime… naturellement !

---

1. Ensemble de lois et de règles concernant la pratique du judaïsme et discutées dans le Talmud. Par extension, les critères appliqués d'une manière stricte par les naturopathes modernes dans la recherche d'un régime santé (singulier : *halakha*).

2. Expression yiddish très courante qui marque un découragement ou un apitoiement sur soi. Peut être traduite par « Quel malheur ! ».

3. Littéralement : « la paix de la maison », c'est-à-dire la bonne entente, l'harmonie dans la famille.

4. Qui se rapporte à l'intimité domestique, à la vie du foyer.

5. Sorte de crêpe enroulée autour d'un fromage (singulier : *blintse*).

Petit traité du froid

L'hiver rapproche les gens. Il existe une sympathie, même une empathie entre nous que seul peut engendrer le froid, ou le terrorisme. Nous compensons pour les chutes de température par une sorte de chaleur intérieure et nous devenons une seule grande famille d'affligés luttant contre le même ennemi — le froid. Nous nous soucions alors du bien-être de chacun.

Normalement, durant l'année, je n'échange jamais plus qu'un *gut shabbes*[1] ou un hochement de tête quand je croise Mᵐᵉ Guttskep. Mais quand nous nous rencontrons par hasard au plus profond de l'hiver, mon collet relevé jusqu'aux yeux et mes épaules courbées pour tirer le maximum de chaleur de mon manteau, elle devient comme ma mère :

— Quel froid ! Et où sont tes gants, *mamele*[2] ? fait-elle comme pour me gronder.

Les températures sous zéro ont rapproché les Canadiens les uns des autres. Elles nous ont également maintenus en meilleure forme. Après le pelletage, notre passe-temps officiel est de pousser les voitures hors des bancs de neige.

Zzzzzzziou! Zzzzzzziou! C'est ainsi que les bruits de l'hiver remplacent le babil et le chant des oiseaux.

Autrement, tout est silence. On ne peut même pas

parler à l'extérieur, car les mots gèlent à l'air libre. On communique par des signaux de fumée émis par des nez rougis. À vrai dire, toutes ces silhouettes emmitouflées de la tête aux pieds pourraient aussi bien être des cheminées mobiles. Pas vraiment la saison pour afficher sa beauté. On ne voit pas de gens s'attarder au coin des rues, ou des mères échanger des remèdes homéopathiques. Il n'y a guère plus de messieurs flânant devant les banques, les clés de leur voiture à la main, occupés à discuter de ce qu'ils feraient à la place du président Bush (qui, manifestement, courrait lui aussi se réfugier à l'intérieur). C'est un sauve-qui-peut, tout le monde à l'abri avant d'être mordu par le froid.

Quand les savants nous mettent en garde contre le réchauffement de la planète, et nous exhortent à changer de mode de vie, nous, Canadiens, les envoyons paître et leur conseillons, de préférence, de s'adresser aux nomades du Sahara. Pour nous, le réchauffement de la planète serait plutôt une bénédiction. On éviterait la maladie de la vache folle — attendu que les vaches deviennent folles à force de se faire frigorifier dans une étable six mois par année. Le réchauffement nous dispenserait de rester assis à l'intérieur et de surcharger nos systèmes électriques pour maintenir nos maisons chaudes. La plupart des gens préfèrent s'asseoir sur leur balcon, n'est-ce pas, à longueur d'année.

Le froid peut être cruel. Pensez aux autobus qui reviennent en retard du *kheder*[3] parce que les accompagnateurs ont dû consacrer un temps fou à déshabiller, puis rhabiller chaque enfant afin de s'assurer que chacun est expédié dans la bonne maison. Pas plus drôle non plus de l'attendre, l'autobus, jusqu'à ce que les membres roidissent et que les larmes figent sur les petits visages, alors qu'il attend de dégeler, l'autobus, avant de pouvoir démarrer.

À part remercier Dieu pour ce prolongement de notre

opkimenish[4], je tente très fort de trouver du bon dans l'hiver. Je me console à l'idée que vivre en Iraq serait encore pire, et un brin plus suffocant. Il suffit de faire une petite marche dehors pour saisir combien le froid favorise les rapprochements. Les gens qui n'ont pas de sujets de conversation peuvent au moins parler de la température. Mieux encore, l'hiver nous fournit une raison de nous vanter auprès des Américains, qui sont habitués à établir des records dans tous les domaines.

— Hé! toi, mon ami, qu'est-ce que tu connais du froid? Viens à Montréal, et là, nous allons en parler, du froid.

Borekhashe'm[5], le Canada est un pays plutôt pacifique, ce qu'on pourrait en partie attribuer à nos hivers. Même si le froid constitue un sujet peu passionnant, au moins celui-ci n'est pas controversé. Du moment qu'on parle — surtout du froid — on ne s'entretue pas. Même les chefs d'État des grandes puissances savent cela. Ils voyagent partout sur la planète pour préserver le dialogue avec les leaders politiques et, ainsi, éviter la guerre.

Le monde serait un endroit bien plus sûr si on n'y traitait que du froid. Par exemple, imaginez un entretien entre Tony Blair et le premier ministre chinois, M. Hu :

— M. Hu, nous avons de la très bonne laine mérinos en Angleterre qui tiendrait vos concitoyens bien au chaud pendant l'hiver. Nous sommes prêts à vous en vendre à très bon prix si votre gouvernement en rend l'usage obligatoire. Vous verrez à quel point cette mesure rendra vos gens plus forts et combien plus productifs.

— Hum, vous savez, M. Blair, que nous parlons d'un milliard de personnes.

— Bon... eh bien, je doute alors que nous ayons suffisamment de moutons... Écoutez, nous pouvons toujours exclure Hong-Kong.

Bien sûr, M. Hu pourrait exploiter cette situation en vue d'en tirer un avantage politique.

— Nous sommes disposés à financer l'achat d'un châle pour chaque habitant du Tibet, mais à la condition que vous reconnaissiez que ce pays fait partie intégrante de la Chine.

Un autre fait d'hiver : à l'arrêt d'autobus, une petite foule de gens debout, à se remuer les pieds, les mains enfoncées dans les poches, le dos voûté pour se protéger du vent. De temps à autre, un angoissé s'avance dans la rue et se tord le cou, tentant d'apercevoir l'autobus. Les autres se ruent devant comme des lions affamés dans un zoo à l'heure du repas. Juste derrière vous, dans la file, se tient une femme de fort mauvaise humeur avec des glaçons qui pendent à son chapeau. De toute évidence, elle est fermement décidée à vous bousculer pour monter dans l'autobus avant vous.

— Il fait froid, non ?

C'était la chose à dire ; la tension entre vous deux se dissipe. Vous êtes devenues des compagnes d'infortune plutôt que des adversaires.

— Je gèèèèle ! réplique-t-elle, et elle resserre son châle autour de sa bouche.

Vous savez qu'elle se détend et que le danger est passé.

— Incroyablement froid, répétez-vous, pendant que vous fouillez le fond de vos poches pour vous assurer que le billet d'autobus s'y trouve toujours.

— Quel hiver !

— *Geferlek !*[6]

Difficile d'atteindre un niveau intellectuel plus élevé dans les circonstances. Quoique, avec un peu d'imagination, le temps pourrait servir de prélude à des conversations sur la santé ou la politique. De tels échanges ne peuvent toutefois se dérouler qu'à l'intérieur d'un autobus bien chaud.

— Ouille, le froid me transperce les os.

— Vous avez de l'arthrite ? Mon médecin me suggère d'aller vivre en Arizona.

— Vraiment? Et qui est votre médecin?

— Le docteur Z. Il est chef entocopologiste, ou quelque chose comme ça...

Si la conversation dure plus longtemps, elle pourrait être conclue par la décision irrévocable d'entreprendre des rénovations planifiées depuis cinq ans.

— Ma fille a insisté pour que je consulte ce médecin à propos de mes migraines chroniques.

— Des maux de tête? J'en ai souffert durant quatre ans, jusqu'à ce qu'on me dise que c'était dû au plâtre dans le sous-sol.

— Ah bon? Et qui était votre entrepreneur de construction?

Peut-être bien que les magnifiques demeures devant lesquelles nous passons tous les jours ont été inspirées par ce genre de bavardage, par temps froid.

Quoi qu'il en soit, les conversations sont souvent plus agréables dans la rue qu'à la maison. Tandis qu'au printemps, un chaleureux bonjour attend tous ceux qui rentrent chez eux et que les salutations s'échangent sur le seuil, en hiver, il suffit d'entrouvrir la porte pour qu'un chœur de voix fusent de tous les coins de la maison sur le nouveau venu.

— Qui a ouvert la porte?

— On ne vit pas dans une tente, ici!

— On gèle!

— La porte!

Bien que l'hiver n'est pas la saison la plus agréable qui soit, au moins ce n'est pas le Goulag; ici, on peut le vivre en tenue légère, bien au chaud dans la maison. Et pendant que les glaçons se forment et que des montagnes de neige séparent le trottoir de la rue, on peut se rassurer : il se passe quelque chose d'extraordinaire. Le mois de *shevat*[7] approche, portant le message que, sous la glace, les arbres commencent à reprendre vie et se préparent à donner des fruits. Une année nouvelle se profile aussi à l'horizon pour les blés et les plantes du jardin qui, après quelques mois de repos, se regénéreront pour nous offrir notre subsistance. Pourquoi nous sentir démunis quand nous savons qu'il s'agit là du rituel qui nous mène au printemps. Nous sommes tous partie prenante du plan divin, et nous devrions célébrer et nous sentir tous membres d'une même grande famille.

Donc, mes chers frères et sœurs, autant je ressens les liens qui nous unissent, autant vous m'excuserez si je réfléchis à tout cela sous une bonne grosse couverture. Quel froid de canard à l'extérieur! Réveillez-moi à *Pourim*[8].

1. Expression yiddish signifiant «bon sabbat».

2. Littéralement: «petite maman».

3. Une école juive traditionnelle pour enfants de niveau primaire.

4. Terme yiddish pour «souffrance».

5. Littéralement: «Dieu soit béni».

6. Terrible!

7. Cinquième mois de l'année juive, correspondant à janvier-février. Le 15e jour de *shevat* est considéré par les juifs comme le Nouvel An des arbres et des plantes.

8. Fête religieuse juive célébrée au printemps et d'allure carnavalesque.

L'agenda de Chayku Sputz

Si jamais, dans mille ans, des archéologues découvrent le calendrier de Chayku Sputz, ils auront bien du mal à identifier ce curieux objet tapissé de hiéroglyphes colorés. Il leur faudra beaucoup d'imagination pour croire que les gens de notre époque pouvaient caser autant d'activités dans leur agenda.

Le calendrier de Chayku se présente invariablement comme une grande éclaboussure de couleurs pour les trois prochains mois, puis il est parsemé de taches çà et là pour les six mois subséquents. Les étoiles rouges indiquent les mariages de cousins germains, et les cercles de même couleur, les *bar-mitsvot*[1]. Les étoiles bleues se rapportent à des événements de moindre importance concernant des amis ou des parents éloignés. Le violet rappelle les mariages auxquels Chayku doit assister par pitié pour les futurs époux. Le jaune, des gens qui ont offert des cadeaux de mariage à ses enfants et à qui elle doit absolument rendre cette politesse. Un astérisque beige signale des rendez-vous chez le médecin ou le dentiste. Les soirées de thé *tsdoke*[2] auxquelles il faut qu'elle se joigne parce que la sœur d'un des organisateurs et elle ont partagé un été à la campagne, et qu'elle lui a même déjà prêté un oignon, sont soulignées en noir. Les *shabosim*[3] sont en général réservés à un *shiur*[4],

et sont représentés par des pointillés épars qui rappellent l'obligation de prononcer les *sheva brokhes*[5].

Les gribouillis roses sont destinés aux *usherens*[6], le
vert, à des classes d'aérobie ou à des rencontres à l'école.
Enfin, quelques diamants dorés pour ne pas oublier de
prévoir çà et là quelques minutes de conversation avec
son mari Yossel, dont l'horaire est tout aussi trépidant.
Chayku conserve auprès de son calendrier une boîte de
soixante-quatre crayons de couleurs différentes.

Il y a tellement de *simkha*[7] au programme que la
famille Sputz a développé tout un système pour réduire
au minimum les pertes de temps. Chayku a même appris
à économiser ses mots. Par exemple, elle envoie toujours le plus bruyant de ses enfants dans sa chambre
afin qu'il se calme. Pas vraiment le temps d'enquêter
pour découvrir qui a déchiré le devoir de qui... parce
qu'un tel ou une telle a mangé la gaufre de l'autre...
parce qu'il ou elle n'en avait pas eu hier... alors qu'au
même moment, la voiture qui doit conduire Chayku au
prochain *khasene*[8] est à la porte et klaxonne.

La famille Sputz gère si bien son temps que Chayku
peut se métamorphoser en un clin d'œil, passant de
Cendrillon dans son tablier enfariné à une dame élé-
gante qui s'apprête à sortir tandis que, une épingle
à cheveux entre les dents, attachant un collier de perles
à son cou, elle répond à Sorreleh qui peine sur ses
devoirs et la prie de l'aider à composer une phrase avec
le mot «survolté». Les dernières instructions lors du
départ sont dictées en descendant les marches:

— Sortez le *khale*[9] du four à 22 h 30 et... non, je
t'interdis d'aller chez Rochel pour faire tes devoirs.

Juste comme elle claque la porte d'entrée, une fenêtre
s'ouvre au-dessus et un enfant crie:

— Est-ce que je dois diviser ou multiplier pour
obtenir la superficie d'un carré?

Chayku est déjà dans la voiture. Elle baisse la vitre,

et hurle de toutes ses forces, pour être entendue pendant que la voiture démarre :

— Multiplie, *sheyfale*[10] ! Il faut toujours que tu multiplies !

Des piétons passant par là se tournent vers Chayku en se demandant de quelle sorte d'incantation il peut bien s'agir.

Chayku a devant elle tout un programme. Elle doit se rendre à deux mariages, rencontrer son mari à un troisième et passer avec lui quelques précieuses minutes (un diamant doré) en faisant route ensemble vers Monsey[11] pour y offrir un *mazel tov*[12] à la famille Gevurts qui célèbre un *vort*[13].

Vers une heure du matin, lorsque Chayku rentre finalement chez elle, les petits symboles colorés ont perdu leur importance. L'horaire du lendemain prend une teinte différente. Chayku aborde son calendrier un jour à la fois. Peut-être que, dans plusieurs générations, si des savants étudient ce calendrier, ils en viendront à la conclusion qu'il fut un temps où les journées comptaient trente-six heures.

---

1.   Littéralement : «le fils de la bonne action». Cérémonie pendant laquelle un jeune juif de treize ans accède à la majorité religieuse (singulier : *bar-mitsva*).

2.   Terme désignant, dans la tradition judaïque, un geste ou une œuvre caritatifs, sinon l'idée de charité elle-même.

3.   Forme plurielle de *shabat,* jour de repos correspondant au samedi dans le calendrier chrétien.

4.   Événement comportant une activité d'apprentissage ou une conférence à caractère religieux.

5.   Littéralement : «les sept bénédictions», ou prières récité en l'honneur des mariés pendant sept fêtes religieuses consécutives à la cérémonie nuptiale.

6.   La première coupe de cheveux d'un garçon, à l'âge de trois ans, suivie d'une cérémonie religieuse.

7. Toute fête religieuse ou événement faste dans le calendrier judaïque.

8. Un «mariage» en yiddish.

9. Pain tressé aux œufs accompagnant les fêtes religieuses et le sabbat.

10. Diminutif affectueux désignant un enfant (pluriel : *sheyfalekh*).

11. Petite municipalité située dans le nord de l'État de New York et dans laquelle est établie une communauté hassidique.

12. Expression de congratulation courante en yiddish.

13. Littéralement : un «mot», plus précisément la déclaration officielle d'une famille selon laquelle un de ses enfants est maintenant fiancé.

Hors d'ici, Ben Laden!

Suri est une femme d'un tempérament doux. Elle traite ses enfants avec amour et tendresse, et les élève d'une manière impeccable. Sa relation avec son mari atteint des sommets d'harmonie. Suri est tolérante et sociable et s'entend avec toutes sortes de gens. Mais il arrive que même les meilleures personnes aient des limites.

Un matin, Suri fut tirée du sommeil par une vigoureuse petite mouche qui lui bourdonnait dans les oreilles. L'insecte observa la façon dont elle utilisait son *neigel vasser*[1], puis la suivit jusqu'à la douche où elle attendit patiemment qu'elle ressorte. La mouche effectua ensuite le trajet jusqu'à la cuisine sur les épaules de Suri et participa aux préparatifs du déjeuner.

Comme les bombardiers américains survolant l'Afghanistan, l'insecte tournait autour de Suri, se posant sur des points stratégiques — de sa tête à son nez, de ses mains à ses manches. Trop occupée à préparer le déjeuner de ses enfants pour s'inquiéter des activités d'une simple mouche, Suri chassait l'intruse d'une main distraite. Elle comprit toutefois qu'elle se trouvait sous le coup d'une attaque quand elle sentit son bras endolori à force de brandir le couteau à beurre, la théière ou n'importe quel objet pour contrer les piqués de la mouche. L'insecte changea de stratégie et se mit à faire la navette entre la salade de thon et le pain, et tenta même une trempette dans le verre de jus du bébé.

Suri était une personne bienveillante — jamais, elle n'aurait fait de mal à une mouche —, cependant «cette mouche» devenait très agaçante. Elle ouvrit une fenêtre pour laisser entrer un peu d'air… et lui indiquer la sortie. Mais, apparemment, la mouche était trop domestiquée et préféra se percher sur le réfrigérateur pour se frotter les pattes et refaire le plein d'énergie avant le prochain assaut. Suri ouvrit ensuite la porte et chercha à pousser la mouche dehors, doucement, à l'aide d'une serviette. Rien à faire, l'intruse opta pour la résidence permanente.

Tout, dans ce monde, même les faits les plus insignifiants, recèle une intention divine que nous ne saisissons pas toujours.

— Cela ne peut plus durer, pensa Suri. Si cette mouche ne cesse de me poursuivre, c'est qu'il y a «autre chose». Peut-être s'agit-il d'un cas de *gilgul*[2] et que l'âme d'une personne a transmigré dans cette mouche en quête d'un *tikun*[3]. Pourquoi ne pas faire une bonne action, si j'en ai l'occasion?

Suri récita toutes ses *brokhes*[4] à haute voix, avec le *olam ha'be*[5] de la petite mouche en vue, puis pria pour qu'un moment de paix lui soit accordé dans le *olam ha'ze*[6]. Néanmoins, l'insecte n'en devint que plus insistant et se permit davantage de familiarité. Ou il s'agissait d'une âme que de graves péchés accablaient, un *roshe*[7] dans une vie antérieure ou encore avait-elle été envoyée comme un *kapore*[8] pour faire expier à Suri ses propres fautes. Tout ce temps, la mouche voletait en harmonie avec les *brokhes, bentshn*[9], *shakhres*[10] et *thilim*[11] que récitait Suri, toujours plus attachée à sa personne.

Jamais Suri ne fut plus heureuse que ce soir-là, quand elle entendit son mari Shulem tourner la clé dans la serrure.

— Au secours! gémit-elle, au bord du désespoir.

Shulem tenta de garder son sérieux lorsqu'elle lui dit qui était l'oppresseur. Du haut de ses deux mètres dix — sans ses chaussures —, Shulem s'arma d'un torchon et, bombant le torse, passa à l'attaque. Le combat s'avéra toutefois très inégal : la mouche eut les honneurs de la guerre. Shulem tenta bien de la pousser à l'extérieur par la fenêtre, mais elle s'agrippa au linge et se laissa porter avec grand plaisir, comme un enfant dans un manège. Même si Shulem répugne en général à tuer un être vivant, le *khutspa*[12] de la mouche finit par le mettre hors de lui; il secoua le torchon pour faire tomber la mouche sur la table, puis lui en assena un bon coup.

CRASH! Deux assiettes et une tasse éclatèrent en mille morceaux sur le plancher. Triomphalement, la mouche voltigeait juste sous le nez de Suri. À coups de linge, Suri tenta de la repousser vers le dessus du comptoir où Shulem l'attendait de main ferme.

GLOUP! Le linge accrocha le manche d'une casserole remplie de soupe, la faisant basculer en bas du comptoir. S'en léchant les pattes, la mouche dégusta les vermicelles au fond de la casserole.

Suri s'enfuit dans sa chambre. C'était trop humiliant de voir son héros mis en pièces par un adversaire pas plus gros qu'un pois. À travers la porte close, elle entendit une chaise tomber et son mari glisser sur la soupe renversée.

— Hors d'ici, Ben Laden!

Jamais Suri n'avait entendu Shulem parler sur ce ton, mais ne dit-on pas «à la guerre comme à la guerre»!

Après tout ce charivari, Shulem cria enfin victoire : l'autre combattant avait disparu. Suri vint constater les dégâts, puis aida son mari à ramasser les morceaux. Tandis qu'elle se penchait au-dessus du porte-poussière pour y glisser les tessons de vaisselle, elle perçut le vrombissement familier d'un petit insecte tout heureux de la retrouver. Lutter contre le terrorisme par les moyens conventionnels ne suffisait plus.

Il fallut deux jours à Suri, concentrée sur ses *brokhes* et jetant des sous dans une *pushke*[13], pour que disparaisse une fois pour toutes le minuscule terroriste. Peut-être l'insecte avait-il été racheté par les *skhusim*[14] que Suri ne cessait de faire descendre sur lui et s'était-il dirigé tout droit vers le *gan eden*[15]. Peut-être aussi son âme avait-elle été jugée indigne d'entrer dans un tel *makom kedushe*[16] et qu'il avait plutôt décidé de semer la terreur dans un endroit qui le méritait. Quoi qu'il en soit, cette histoire prouve bien qu'on ne vainc pas le terrorisme en lui livrant la guerre, mais par l'élévation spirituelle.

---

1. Eau cérémonielle servant à la purification des mains au moment du lever.

2. Terme hébraïque désignant la réincarnation ou la transmigration d'une âme vers une forme animale quelconque.

3. Processus de rédemption ou de rachat de l'âme d'un pécheur.

4. Terme en usage dans le judaïsme pour désigner des bénédictions ou des prières courtes (singulier : *brokhe*).

5. Littéralement : «le monde à venir», ce qui renvoie au salut futur de l'âme.

6. Par opposition à ce qui précède, «ce monde-ci», ou l'incarnation des âmes et des êtres.

7. Une personne ayant vécu hors du droit chemin.

8. Volaille abattue la veille du jour du Grand Pardon (*Yom Kippour*) dans un but expiatoire. Geste de repentance pour se laver des péchés commis.

9. Récitation d'une bénédiction rituelle, particulièrement après le repas.

10. La prière du matin, dans le judaïsme.

11. Terme hébreu désignant les psaumes bibliques.

12. Expression signifiant «une effronterie sans bornes».

13. Petite tirelire dont le contenu est remis à une œuvre philanthropique.

14. Les grâces méritées par les personnes qui prient (singulier : *skhus*).

15. Littéralement : «le jardin d'Éden» ou, si l'on préfère, le paradis.

16. Expression yiddish qui signifie «un lieu saint». Dans le contexte, l'endroit où sont admises, après la mort, les âmes pures.

Lekhaim!

Nuit après nuit, nous tournons la page sur une autre journée de l'*Omer*. Ces quarante-neuf journées, entre *Pesakh*[1] et *Shavouot*, sont empreintes de spiritualité ; nous nous préparons à recevoir le don le plus précieux de notre existence, le don de la *Tora*[2]. Dans les maisons d'étude et les synagogues d'Europe, surtout dans certaines régions de Hongrie et de la République Tchèque, la période qui précède la fête de *Shavouot* déclenche une effervescence de sentiments contradictoires où se mêlent joie, tristesse, et amertume.

L'esprit des *neshomes*, les âmes, qui ont quitté cette terre au moment de l'Holocauste occupe alors les *beys hamedresh*[3]. Dans les quelques *minyonim*[4] qui restent, se réunissent une poignée de survivants maintenant âgés, souvent seuls et vulnérables. Ils gardent à portée de la main leurs *thilimlekh*[5] et leurs *mishnayes*[6], répétant inlassablement les noms des parents, enfants, frères, sœurs et amis disparus sans laisser de descendance. Ils récitent le *kadish*[7] pour eux, pour le salut de leur âme.

Des gâteaux et du schnaps sont servis. Autour de la table, des hommes lèvent leurs petits verres de whisky et se souhaitent les uns aux autres : *Lekhaim ! Lekhaim ! Lekhaim toyvim uleshuloim*, c'est-à-dire « À la vie ! À la vie ! Une excellente vie, et à la paix ! » Des vœux sont échangés pour les âmes des disparus et pour le salut des vivants. Ces survivants de l'Holocauste ont traversé des périodes très difficiles. Ils sont le lien ténu qui mène à nos origines.

S. prie depuis l'*omed*[8] et on a peine à discerner sa voix à travers ses pleurs. À quatorze ans, il avait conclu un pacte avec le Créateur : « Aide-moi à sortir vivant de cet enfer, et je te servirai jusqu'à la fin de ma vie, de tout mon cœur et de toute mon âme. » S. s'est échappé d'un camp en se cachant sous un tas de cadavres.

Après avoir vécu durant des années comme une bête traquée, il s'est enfin retrouvé libre. Il avait été choisi, lui, parmi toute sa famille et ses proches pour venger leurs âmes. Cela fait plus de soixante ans aujourd'hui, et il a tenu parole. Il continue de prêcher les valeurs et les préceptes transmis de génération en génération, le seul héritage qu'il ait jamais reçu.

Sa barbe est blanche maintenant, et son dos, légèrement voûté. En fait, il ne paraît guère imposant, jusqu'à ce qu'on le voie prier. Il se balance alors comme une branche dans la tempête, se frappant les mains en l'air, tel un automate. Son avant-bras est tatoué de chiffres bleus — son matricule. Ses yeux et sa voix portent haut vers le ciel.

Chaque vieillard a une histoire à raconter, et chacun de leurs récits empreints d'amertume souligne pourtant la joie de *Shavouot*, alors que tous réitèrent leurs devoirs, quoi qu'il advienne. Les souvenirs sont vifs, les braises, encore fumantes ; la mémoire des familles et des communautés entières qui furent exterminées revit dans l'esprit des enfants et des petits-enfants des survivants, leur inspirant un engagement qui a autant de valeur aujourd'hui qu'il en avait il y a trois mille cinq cents ans.

Voilà comment la fête de *Shavouot* est célébrée dans plusieurs *kehiles*[9] de Hongrie et de la République

Tchèque, car c'est à cette période de l'année que les déportations se multiplièrent dans les villes et villages de cette région d'Europe. Et bien que la date n'en soit pas connue avec exactitude, les survivants ont fixé au lendemain de la disparition de leurs proches, alors qu'ils étaient « chargés » dans des wagons les conduisant aux camps d'extermination, le jour de leur commémoration.

Il fut un temps où certaines congrégations, comme celles-là, ne comptaient que des survivants de l'Holocauste — une réalité qui, en Amérique, nous est étrangère. Ils durent lutter pour recouvrer le seul mode de vie qu'ils connaissaient. Pour leurs enfants, des histoires comme les leurs appartenaient à la légende. Ces survivants posèrent les fondements d'une philosophie à partir des principes selon lesquels ils avaient été élevés, puis, à leur tour, ils élevèrent leurs enfants d'après ces fondements, et leurs enfants les transmirent ensuite.

Depuis, une troisième et une quatrième génération sont apparues, sollicitées de toutes parts par les tentations du monde moderne. Le nombre de survivants inévitablement s'amenuise, mais la passion qu'ils ont investie dans l'éducation, et la sincérité avec laquelle ils ont franchi les obstacles, protègent leurs enfants contre ce tourbillon de changements et de perspectives nouvelles qui constituent un mode de vie que les gens considèrent généralement comme valable. Les survivants sont la preuve qu'il peut être fatal de se fier au jugement des hommes, trop dépendants de leurs propres désirs et de leurs préjugés, lorsqu'il s'agit de fixer des valeurs et des idéaux. La seule source d'inspiration qui importe à leurs yeux, c'est la *massorah*[10], la tradition dont l'origine se confond avec la naissance de leur peuple.

La nouvelle génération dépasse maintenant en nombre, et de beaucoup, ce qu'il reste de survivants, mais la souche européenne se fait toujours sentir. Les gens qui, aujourd'hui, commémorent le *yor tsayt*[11] de leurs disparus, sont les héritiers d'une tradition léguée par leurs parents bien avant l'Inquisition espagnole, avant la destruction du deuxième Temple par Rome[12], avant même la disparition des maisons d'étude de Babylone[13]; une tradition, en fait, qui remonte au mont Sinaï[14].

Les chandelles allumées pour célébrer le *yor tsayt* rappellent ces survivants de l'Holocauste; leur flamme subit les à-coups du vent: parfois elle est vive, elle brille intensément, parfois c'est à peine une étincelle. Des millénaires se sont écoulés, les temps durs ont succédé à des temps meilleurs et les meilleurs aux pires. Transmettre la *massorah* de génération en génération s'avère la seule façon de consoler ceux qui ont quitté ce monde.

---

1. Terme hébraïque désignant la pâque juive, qui est célébrée vers avril-mai.

2. Le Pentateuque ou les cinq premiers livres de la Bible.

3. Dans les communautés juives est-européennes, on désigne ainsi les maisons de prière modestes.

4. Quorum requis de dix hommes pour mener la prière en communauté; par extension, une localité comptant encore suffisamment de juifs pour y maintenir une synagogue (singulier: *minyan*).

5. Opuscule rassemblant tous les psaumes de la Bible (singulier: *thiliml*).

6. Ouvrage contenant les lois postbibliques du judaïsme ainsi que des commentaires rabbiniques, incorporés plus tard au Talmud (singulier: *Mishna*).

7. Dans le judaïsme, la prière des morts.

8. Estrade ou lutrin au milieu de la synagogue, d'où est menée la prière.

9. Nom donné aux communautés juives suffisamment importantes pour être dotées d'une forme de gouvernement autonome (singulier: *kehile*).

10. Les fondements de l'héritage judaïque, au sens religieux et culturel.

11. Littéralement: «le temps de l'année». Il s'agit du jour anniversaire d'un décès.

12. Cet événement a eu lieu en 70 de l'ère chrétienne.

13. Il s'agit ici des établissements juifs de la diaspora qui apparurent après la destruction du premier Temple en 586 avant l'ère chrétienne.

14. L'endroit où Moïse reçut les Tables de la Loi.

Le jour où Lipa est devenu grand

Ma voisine ajuste le sac à dos de sa fille tandis qu'elle l'accompagne à l'arrêt d'autobus. Vite, elle se retourne pour gronder son petit dernier qui la suit pieds nus, et le supplie de retourner dans la maison. De l'autre côté de la rue, la jeune Mme Pollak balaie les feuilles mortes sur le trottoir. Comment le monde peut-il continuer à tourner alors que je vis une véritable révolution? Après des années et des années à m'occuper de la maisonnée, à régler ma vie sur les boires et les dodos, à faire la lecture, enseigner, amuser les tout petits, voici que mon Lipaleh me laisse avec moi-même. C'est son premier jour d'école.

Je frissonne dans l'air frais de l'automne tandis que j'attends le coup de frein familier de l'autobus scolaire. J'observe avec envie une jeune maman qui s'active à rassembler sa progéniture pour traverser la rue. Tout juste comme j'apprenais à gérer ma vie familiale (il faut compter plusieurs années pour y parvenir... si on y parvient), voici que je me retrouve confrontée à un nouveau mode de vie. Jamais je n'aurais pensé que d'avoir quelques heures à moi serait si difficile, que je me sentirais si seule.

J'ai longuement préparé Lipaleh à vivre cette journée dans la joie; je constate que mes efforts ont porté. Je le rattrape de justesse au moment où il va débouler du trottoir dans son enthousiasme à courir au-devant de l'autobus. À ce moment précis, le mot *kheder*[1] signifie, pour lui, l'excitation d'une balade en autobus scolaire, le même autobus qui transporte quotidiennement ses frères et sœurs plus âgés, pendant que lui reste à la maison, le nez contre la vitre. Ce n'est plus l'autobus dans lequel il a voyagé en imagination toute l'année, enfourchant le sofa du salon, remplaçant le volant par un couvercle et imitant le bruit du moteur avec ses «rrrmmm rrrmmm» incessants. Aller au *kheder*, pour Lipaleh, veut dire qu'il est devenu grand comme ses frères et sœurs, et qu'il entre dans le cercle des initiés de la boîte à lunch, des rabbins et des livres et crayons.

Je sens grossir la boule qui s'est formée dans ma gorge. Comment se débrouillera-t-il sans une maman continuellement à ses côtés. «Laisse-le aller, me dis-je tout bas. Donne-lui la chance de se faire une vie bien à lui.»

Lipaleh grimpe les marches géantes de l'autobus comme un brave soldat partant au combat. Au moment où la portière se referme derrière lui, je le vois se retourner vers moi et l'expression de son visage me dit que c'est seulement maintenant qu'il comprend que le *kheder* est beaucoup plus qu'une simple promenade en autobus. C'est quitter la maison et se défendre seul. Lipa me suit une dernière fois du regard et je vois des larmes lui monter aux yeux. Bêtement, frénétiquement, j'agite la main jusqu'à ce que le bus tourne le coin. Avec lui, disparaît une partie de ma vie, la moitié en fait.

Comme je referme la porte derrière moi, le calme de la maison m'assaille. Je me rassure : cela ne durera que quelques heures. J'ai tout mon temps maintenant. Plus personne ne me réclame, seulement les lits défaits, la lessive et la vaisselle du déjeuner. J'essaie de faire comme si de rien n'était, ramassant ici les jouets que

Lipa a laissé traîner, et là ses petites pantoufles. Même le porridge qui reste dans son assiette m'émeut. Je tente de retenir mes pleurs, mais je me rappelle qu'il n'y a personne autour pour me demander si j'ai un bobo aux yeux ou si je viens de couper des oignons. Je n'ai plus à m'expliquer. Je laisse mes larmes couler, j'ai le droit d'éclater en sanglots, et d'avoir l'air d'une vraie folle!

Les larmes passent et le soleil recommence à briller en moi. Je remercie *Hashem*[2] de m'avoir permis de vivre un aussi beau moment. J'ajoute une prière demandant à Dieu d'accorder de semblables instants et de pareils revirements à ceux qui n'ont pas ma chance. Lentement, sans me presser, je commence à ramasser les vêtements pour la lessive.

---

1.   Terme yiddish désignant une école primaire de tradition judaïque.

2.   Littéralement: «Le nom» en hébreu. Terme qui sert à désigner Dieu dans la tradition biblique.

Mes *kreplekh* ne coulent plus !

Je n'ai jamais observé en moi des changements radicaux qui m'auraient amenée à penser : «Tiens, comme c'est curieux, je gagne en maturité!» Ce que je remarque, en revanche, c'est que les jeunes de dix-huit ans paraissent de plus en plus... jeunes, et que, d'aussi loin que je m'en souvienne, jamais la jeunesse n'a si bien porté son nom!

Tout de même, les autres semblent avoir noté quelque chose en moi que je n'ai pas vu. Quand des jeunes femmes se lèvent, par exemple, et me cèdent leur siège dans l'autobus, je considère qu'elles exagèrent. Et pourquoi donc, ces derniers temps, s'est-on adressé à moi plus souvent par mon nom de famille? Techniquement, je suis grand-mère, mais je ne crois pas avoir changé d'un iota depuis que j'ai quitté les bancs d'école. Enfin, je le croyais jusqu'à la dernière fête du *Pourim*[1], où ma vie a basculé.

Je cuisinais des *kreplekh*[2], comme je le fais depuis plus de vingt-cinq ans et, merveille des merveilles, ils ne coulaient pas! En toute honnêteté, je ne saurais à quoi attribuer ce succès, sinon que j'ai gagné... en maturité. Demandez-moi pourquoi mes *kreplekh* n'ont pas coulé et, comme le ferait ma mère, je vous suggérerai avec un sourire de connaisseur de presser un peu plus les côtés de la pâte avec la fourchette, ou peut-être de ne pas mettre trop de viande dans le *krepl,* ou peut-être… Enfin, je commence à comprendre pourquoi ma mère ne pouvait jamais me donner la recette exacte de ses plats. Cela ne vient qu'avec l'âge.

— Une petite pincée de sel, puis deux de sucre, pas trop d'huile… peut-être une goutte d'eau… et si c'est encore trop sec… attends de voir le résultat… Voilà ce que ma mère pouvait me dire de plus approchant.

Autrefois (jusqu'à cette fête du *Pourim*), avant de me lancer dans l'organisation d'un véritable fait d'armes culinaire, je relisais la recette vingt-trois fois pour évaluer le degré de difficulté ou le temps de préparation nécessaire. Je devais connaître l'ordre exact des ingrédients et le nombre de minutes requises pour mélanger, remuer et cuire. J'aurais pu recevoir un doctorat honoris causa pour mes recherches sur la substitution d'un ingrédient par un autre. Je passais des jours à calculer comment multiplier ou diviser les recettes par deux, ou estimant, par exemple, combien de crêpes je pourrais servir à chaque membre de la famille si je triplais la quantité de farine.

Je mesurais littéralement les os de veau, avec un ruban gradué, avant de les ajouter à la soupe. Je faisais des exercices de respiration avant de réciter mes *tkhines*[3] pour le bien de ce que j'allais cuire, et pour la bonne marche de ma maison, du voisinage, du monde entier et de celui à venir. Je tentais aussi de m'attirer la sympathie du rabbin Meir Baal Hanes[4] en mettant vingt-cinq sous dans une tirelire, avec l'espoir qu'il intervienne pour que mon repas soit un succès (le rabbin Meir Baal Hanes ne m'a jamais abandonnée dans aucune de mes supplications, même pour aussi peu que vingt-cinq sous. Mais, pour ce qui a trait à ma cuisine, ses attentes étaient plus élevées.)

Maintenant que mes *kreplekh* ne coulent plus, tout sera différent dans ma vie. Qu'un autobus entier se lève pour me céder la place, j'y ai droit, j'ai l'âge! Demandez-moi conseil : je vous apprendrai tout ce que vous avez toujours voulu savoir sur tout. L'espace qu'occupaient mes livres de recettes sert maintenant aux albums de photos de mes petits-enfants. Mon instinct s'est suffisamment développé pour sauver de la damnation éternelle une pâte trop humide. Je puis pétrir tout mon saoul et ajouter de l'eau, de la farine ou du sel à ma seule discrétion. Je suis là, mon enfant, si tu as besoin d'aide ou d'une réponse à tes questions. Je suis une femme mûre. «Essaye d'ajouter un œuf ou deux... et puis un peu de poivre ne ferait pas de tort.» Mes *kreplekh* ne coulent plus! Voilà, je suis maintenant de bon conseil pour tous les débutants qui se risquent en tremblant à ouvrir un livre de recettes.

Bien des années se sont écoulées depuis que j'ai quitté l'école. Et la peur de l'échec, un trait de la jeunesse, s'est peu à peu estompée. Ma mère me disait souvent qu'une bonne cuisinière n'est pas celle qui ne commet jamais d'erreurs ni qui réussit parfaitement tous ses plats. C'est plutôt celle qui a le courage de corriger ses erreurs. Et cette attitude s'applique à toutes les situations auxquelles la vie nous conduit, c'est l'ingrédient qui fait la différence entre l'enfant et l'adulte.

Et tandis que je hurle au monde entier : «Mes *kreplekh* ne coulent plus!» me voici en train de corriger une salade de patates que j'ai un peu trop épicée. Tiens, si j'ajoutais un peu de sucre, et pourquoi pas quelques carottes... Ou alors, je double les patates et je fais don de cette salade à la communauté. Dans le pire des cas, il me serait toujours possible de prétendre qu'il ne s'agit pas vraiment d'une salade de patates mais d'une création, et pourquoi pas d'une spécialité de la maison! Après tout, que peut-on refuser à une personne qui vient d'atteindre la pleine maturité!

1. Fête rappelant la libération des Juifs persans au Ve siècle avant l'ère chrétienne. Les juifs célèbrent cet événement par un festin et des déguisements carnavalesques.

2. Raviolis à la viande préparés spécialement pour la fête du *Pourim* et pour d'autres fêtes juives solennelles (singulier : *krepl*).

3. Prières ou suppliques récitées en yiddish et principalement réservées au domaine d'activités féminines.

4. Littéralement : « le rabbin Meir, celui par qui les miracles arrivent ».

Table des matières

Achevé d'imprimer

sur les presses de AGMV Marquis

Montréal (Québec)

Troisième trimestre 2006